나는 조선의
가장 어린
여행 작가

일러두기

- 1748년 제10차 조선통신사로 일본을 다녀온 홍경해가 쓴 《수사일록》 가운데 일부를 우리말로 풀어 실었습니다.
- 원문에 나와 있는 일본 지명이나 인명은 독자들의 이해를 돕기 위해 대부분 일본어 표기법으로 바꿔 실었습니다. (예: 대판 → 오사카)
- 원문에 나온 도량형은 독자의 이해를 돕기 위해 최대한 현재의 기준으로 가늠하여 병기하고자 했습니다.
- 조선통신사에 참여한 사람들은 역할에 따라 지정된 의복을 입었는데, 참여하는 행사의 성격이나 장소 이동 등 상황에 따라 다른 옷을 입기도 했습니다.

홍경해의 조선통신사 동행기

나는 조선의 가장 어린 여행 작가

글 홍경해 | 가려 뽑아 옮김 허경진 | 그림 홍선주

웃는돌고래

옮긴이의 말

18세기 평범한 학생의 일본 여행 이야기, 한번 들어 볼래?

멀리 다른 나라로 여행 가 본 적 있니?

여행 갈 생각하면 누구나 두근두근 마음이 설레지. 요즘에는 외국에 자유롭게 나갈 수 있지만 예전, 특히 조선 시대에는 그렇지가 않았어. 기차나 비행기 같은 교통수단도 없었고, 나라의 허락을 받지 않으면 외국 나가기가 쉽지 않았지. 그래서 무역을 하는 상인이나 나랏일을 하는 관리나 해외여행을 할 수 있을까, 평범한 백성들은 꿈도 못 꿀 일이었어.

1748년, 그러니까 지금으로부터 270여 년 전 일본으로 해외여행을 떠난 스물네 살 청년이 있었어. 그 청년의 이름은 홍경해, 과거 준비를 하던 학생이었지.

평범한 학생이었던 홍경해가 일본을 갈 수 있었던 건 아버지 덕분이었어. 홍경해의 아버지가 '조선통신사'를 이끄는 우두머리인 정사로 임명되었기 때문에, 홍경해는 아버지를 수행하는 비서로 통신사에 들어갈 수 있었지. 그렇게 홍경해는 일본에 파견된 외교 사절단 '조선통신사'의 일원으로 외국에 나가게 됐어.

20대 젊은 나이에 일본에 가게 되었으니 모든 것이 신기했을 거야. 홍경해는 자신이 여행에서 보고 듣고 겪은 일을 《수사일록隨使日錄》이라는 기록으로 남겼어. '수사일록'이란 '사신을 따라가 쓴 일기'라는 뜻이야.

홍경해와 함께 갔던 종사관 조명채도 공식적으로 기록을 남겼어. 하지만 일이라는 부담 없이 낯선 나라 일본을 호기심 어린 학생의 눈으로 자유롭게 바라본 홍경해의 《수사일록》이 더 입체적이고 흥미로워.

조선통신사가 남긴 기록 중에 아홉 번째 통신사 제술관(외국에 사신을 파견할 때 같이 따라가는 수행원 중 하나로, 글재주가 있는 이를 주로 임명해. 사신 일행의 공식적인 업무를 기록하거나 일본 문인의 요청에 응답하는 벼슬이야.)이었던 신유한이 쓴 《해유록》도 유명해. 서른아홉 살의 나이로 일본에 파견된 신유한은 문과에 급제하여 벼슬을 하던 관리였어. 반면 홍경해는 아직 공부하던 학생이었으니까 이름이 알려지지 않았지. 그런데도 홍경해의 기록이 더 참신하다는 평가를 받고 있어.

이 책은 홍경해의 일기를 우리말로 쉽게 풀어 썼어. 2백 년도 더 지난 케케묵은 이야기를 왜 알아야 하냐고? 오늘날과 통하는 이야기가 있기 때문이지.

요즘 한류가 세계적으로 주목받고 있지? 그런데 한국 문화가 외국에서 인정받는 건 21세기에 시작된 일이 아니야. 지금으로부터 4백여 년 전, 조선통신사가 일본에 방문했을 때도 대단한 인기를 누렸어. 조선의 문화를 전수받고 싶었던 일본은 조선통신사와 함께 여러 분야의 전문가를 파견해 달라고 요청했지.

요즘 아이돌이나 배우들이 다른 나라에 방문하면 공항부터 취재 기자들과 팬들이 가득하잖아? 조선통신사가 일본에 갔을 때도 비슷했어. 길에는 통신사 행렬을 보기 위해 몰려든 사람들이 가득했고, 조선인이 쓴 글씨를 얻으려는 사람들도 대단히 많았어.

특히 일본인들은 조선의 마상재에 관심을 컸어. 마상재는 말 위에서 여러 가지 곡예를 보이는 것인데, 조선의 마상재는 요즘 아이돌 공연처럼 인기가 높아서 조선통신사 행렬에 반드시 포함되었다고 해.

이뿐만이 아니야. 통신사가 머무는 숙소마다 일본의 시인, 음악가, 화가, 의사 등이 찾아와 조선의 전문가와 밤새 질문하고 토론했지. 조선어와 일본어가 달랐으므로 한자를 써 가면서 소통했는데, 붓으로 말했기 때문에 '필담筆談'이라고 했어. 통신사가 한 번 왔다가는 사이에 몇십 종이나 필담집이 출판되어 일본 지식인들에게 읽혔지.

조선통신사는 문화 교류의 역할만이 아니라 평화를 지키는 역할도 했어. 임진왜란 후 통신사가 오가던 2백 년 동안 조선과 일본은 평화롭게 지냈지만, 통신사가 끊어진 후 일본은 다시 조선을 침략했어. 이후 조선은 일본의 식민지가 되고 말았지.

가까우면서도 불편한 나라가 된 지금 두 나라 사이엔 서로 교류하고 소통할 새로운 통신사가 필요한 건 아닐까.

그런 의미에서 홍경해의 이야기를 들려주고 싶었어. 조선 청년이 바라본 일본은 어땠는지, 일본에서 어떤 일들을 겪었는지 한 번 들어 보지 않을래?

2017년 여름
허경진

차례

옮긴이의 말
18세기 평범한 학생의 일본 여행 이야기, 한번 들어 볼래? ● 4

들어가며
믿음을 주고받는 사신, 조선통신사 ● 10

첫째 장 아버지를 따라서 일본으로 떠나다 ● 19
　쉬어 가는 이야기 살인 사건까지 일으킨 인삼의 인기 44
　　　　　　　　　조선통신사 여행길은 정말 힘들어 47

둘째 장 일본 여행의 시작 쓰시마 섬 ● 51
　쉬어 가는 이야기 조선통신사에는 어린이도 있었어 72

셋째 장 신선이 사는 곳처럼 아름다운 아이노시마 섬 ● 75

넷째 장 드디어 육지로, 시모노세키 ● 89

다섯째 장 화려하고 번화한 오사카 • 111

여섯째 장 천황이 사는 교토 • 125
 쉬어 가는 이야기 교토에 있는 귀무덤 132

일곱째 장 아름다운 비와 호수, 그리고 후지 산 • 135
 쉬어 가는 이야기 통신사는 한류 스타 172

여덟째 장 에도 성에 들어가 국서를 전달하다 • 177
 쉬어 가는 이야기 책을 사랑한 일본인들 220

돌아오는 길 글씨를 남기다 • 223

나가며 230
참고 문헌 235

들어가며

믿음을 주고받는 사신, 조선통신사

조선통신사가 뭐야?

조선통신사는 조선 시대에 일본으로 파견한 사신이야. 조선통신사의 '통신通信'이란 말은 요즘의 무선 통신을 이야기하는 게 아니라 '믿음을 주고받는다'는 뜻이야.

요즘처럼 외국에 대사관 같은 시설이 없던 옛날에는 나라 사이에 큰 문제가 생길 때마다 그 문제를 해결하기 위해 사신을 파견했지. 예를 들어, 전쟁을 마무리 지을 때는 서로의 조건을 이야기하고 타협을 잘 해낼 '강화사講和使'를 보냈고, 포로나 잡혀 있는 백성들을 찾아올 때는 '쇄환사刷還使'를 보냈으며, 상대방 국가가 보낸 사신에 답례하기 위해서는 '보빙사報聘使'를 보내어.

그럼 통신사는 뭘까? 두 나라 사이에 믿음을 쌓기 위해 보낸 사신이 바로 통신사였어. 나라의 중요한 외교 문서인 국서를 전달하는 임무를 맡았지.

통신사의 역할은 뭐였어?

임진왜란 전에도 조선은 일본에 통신사를 몇 번 보냈는데, 임진왜란이 일어나면서 방문이 중단되었어. 전쟁이 일어났으니 두 나라 사이가 좋을 리 없었지. 1592년 일본이 조선을 침략하면서 임진왜란이 일어났고, 조선은 7년 동안 싸운 끝에 일본을 물리쳤어. 전쟁이 끝났지만 두 나라 사이에는 풀어야 할 숙제가 남아 있었지.

우리나라의 첫 번째 숙제는 전쟁을 치르는 동안에 왜군에게 포로로 잡혀간 우리 백성을 구해 오는 일이었어. 그 당시에는 우리나라 문화가 여러 분야에서 일본에 앞서 있었기 때문에 왜군은 일반 백성뿐만 아니라 도자기를 잘 만드는 도공, 금속활자를 잘 만드는 주장, 한문 실력이 뛰어난 유학자 들을 포로로 많이 데려갔어.

죄 없이 다른 나라에 잡혀간 우리 백성들을 고국으로 데려오려면 일본에 사신을 보내어 협상해야만 했지. 또 국경 북쪽에서 세력을 키우고 있던 여진족의 위협이 커졌기 때문에 일본과 좋은 관계를 유지할 필요도 있었어.

일본에서도 도요토미 히데요시가 죽고 도쿠가와 이에야스가 정권을 잡으면서, 쓰시마(대마도) 번주(藩主, 과거 일본의 행정 구역

'번'의 영주를 일컫는 말이야. 다이묘라고도 해.)를 통해 국교를 다시 맺자고 청해 왔어. 쓰시마는 조선과 일본 사이에서 외교 및 무역을 중개하던 지역이라 조선의 도움이 없으면 살기 힘들었지.

일본은 임진왜란 때 조선 왕릉을 도굴한 범인을 잡아서 조선에 보내는 것으로 성의를 표시했어. 결국 조선에서는 사신을 보내기로 했지. 일본이 먼저 요청하는 형식이었으므로, 통신사의 이름은 '수호 및 회답 겸 쇄환사'였어. '쇄환사'란 전쟁 때 끌려간 사람들을 다시 되찾아오는 사신이란 뜻이야.

두세 차례 쇄환사가 다녀오면서 수천 명의 포로를 데리고 돌아왔는데, 3차 통신사(쇄환사)가 파견되던 1624년부터는 고국으로 돌아오려는 포로들이 거의 없었어. 일본에서 자리를 잡고 좋은 대우를 받으며 살고 있었기 때문이지. 그래서 4차(1636년)부터는 이름이 '통신사'로 바뀌었고, 쇼군의 즉위를 축하하는 목적으로 파견되었어. '쇼군'은 가장 높은 지위에 오른 무사를 가리키는 말인데, 일본 왕인 천황을 대신해 실제로 나라를 다스리던 사람이야.

임진왜란 이후에 일본과 중국은 외교가 단절되었으므로, 공식적인 축하 사절단으로는 조선통신사가 유일하게 초청되었어. 그러니까 조선통신사는 일본과 지속적으로 교류하면서 평화를 지키기 위해 보냈던 평화의 사절인 셈이지.

어떤 절차로 파견됐어?

조선통신사를 파견하려면 일정한 절차를 거쳤어. 우선 쇼군이 있는 에도(지금의 도쿄)에서 쓰시마 번주에게 새 쇼군이 즉위했다고 알렸어. 그러면 쓰시마에서는 부산 왜관(倭館, 조선을 오가는 일본인들이 머물던 곳이야. 일본인들은 왜관에 머물면서 외교나 무역 업무를 했어. 통신사 일행을 안내하기 위해 쓰시마에서 온 관리들도 왜관에서 머물렀지. 경상북도에 있는 도시 '왜관'의 지명도 여기에서 비롯되었어.)에서 일하는 조선 관원에게 통신사를 보내 달라는 공문을 보내. 왜관의 관원은 이 공문을 우리나라 조정에 보고했지.

보고를 받은 조정의 대신들이 통신사를 보내자고 결정하면, 임금이 통신사를 이끌 사신 세 사람을 뽑았어. 세 사신을 정사, 부사, 종사관이라 하는데, 합쳐서 '삼사三使'라고 했어. 정사와 종사관이 의논하여 1년 남짓 동안 통신사로 데려갈 사람을 5백 명 정도 골라 뽑지.

삼사는 공식 수행원 이외에 개인적인 일을 도와주는 사람을 데리고 갈 수 있었어. 대개는 자기 아들이나 조카, 사위, 후배를 데리고 가서 일본 구경도 시키며 견문을 넓히게 했어. 아들이나 친척을 군관 자격으로 데려간다고 해서 이런 개인 비서를 '자제군관'이라 불렀지.

이 책을 쓴 홍경해도 자제군관이었어. 1748년에 열 번째 통신사의 정사로 홍계희가 파견되면서 아들 홍경해를 자제군관으로 데려간 것이지.

어떤 사람들이 있었어?

삼사와 자제군관 외에도 통신사에는 다양한 사람들이 포함되었어. 평균 5백 명이 파견되었으니 규모가 어마어마하지?

조선통신사에 어떤 사람들이 있었는지 만나 보자.

정사　　　부사　　　종사관　　　　　화원　　　　의원

어떤 길을 거쳐 갔어?

조선통신사는 한양(서울)에서 출발해 일본 에도(도쿄)까지 갔다 돌아왔어. 왕복 약 4천 3백킬로미터 이르는 거리에, 짧게는 6개월에서 길게는 1년에 이르는 긴 여행길이었단다.

한양 → 영천 → 부산 → 쓰시마 → 아이노시마 → 시모노세키 → 오사카 → 교토 → 하코네 → 에도(도쿄)

첫째 장

아버지를 따라 일본으로

1747년 봄

6대 쇼군 도쿠가와 이에시게가 즉위하자 일본은 조선에 통신사를 보내 달라고 부탁하였다. 아버지는 영조 대왕을 가까운 곳에서 모시던 승지*인 데다 스물네 살에 장원 급제할 정도로 천재였고 신임이 두터웠으므로, 당연히 통신사 정사로 임명되셨다. 아버지라면 일본까지 다녀오는 멀고 험한 뱃길에 어떤 어려운 일이 있어도 능히 해결하실 수 있을 것이다.

아버지가 한참 성균관 입학시험을 준비하고 있는 내게 일본에 같이 가자고 하셨다. 공부를 하는 것도 중요하지만, 바다 너머 넓은 세상을 보는 것이 더 큰 공부라고 하셨다. 일본에서는 쇼군이 즉위할 때만 통신사를 초청하였고, 그 기간이 지나면 정기적으로 쓰시마를 오가는 역관 사신 말고는 아무도 일본 구경을 할 수 없다. 나는 시험공부 하던 책을 잠시 덮고, 아버지를 따라갈 준비를 하였다.

일본에 가는 것이 정해진 뒤 가장 먼저 예전 통신사들의 기

---

*승지: 왕의 비서 역할을 했던 벼슬.

행문을 빌려 와서 한 권을 베꼈다.* 에도까지 가는 길을 알아 두어야 했고, 내가 만나게 될 일본 사람들의 성격도 미리 알아보고 싶었기 때문이었다.

일본에 가면 다른 무엇보다 기행문을 쓸 것이다. 그동안 통신사가 일본에 아홉 차례나 다녀왔기 때문에 기행문이 열 권도 넘게 있지만 대부분 재미없는 데다가, 내가 가장 나이 어린 기행문 작가가 되고 싶기 때문이다.

그다음으로 옷을 준비했다. 어머니는 모시와 무명을 구하여 아버지와 내가 사철 입을 옷을 지으셨다. 초겨울(11월 28일)에 길을 떠나면 만 리 길을 여덟 달 동안 오고 가야 한다. 그래서 겨울옷, 봄옷, 여름옷, 가을옷을 다 준비했다. 아버지가 나를 자제군관으로 임명했기 때문에 학생 신분인 내게 맞는 선비 옷차림 말고 군복도 준비하였다. 병조에서도 나를 형식상 군관으로 발령하였는데, 내 품계는 통덕랑(정5품)이어서 현감보다도 높았다.

여러 도시를 지나고 많은 사람들을 만날 때마다 선물을 주어야 하기 때문에, 여러 관청에서 아버지에게 선물을 보내왔다. 대

---

* 인쇄 기술이 발달하지 못했던 옛날에는 책이 귀해서 보고 싶은 책이 있으면 빌려서 통째로 베껴 쓴 뒤 돌려주었다.

표적인 선물은 인삼과 비단이었다. 일본에서는 조선 인삼을 만병 통치약으로 알고 있어서 인삼 선물을 가장 귀하게 여겼다. 과일이나 과자는 상하기 때문에 말린 상태로 가져갔다. 내 짐 보따리에는 몇 달 동안 읽을 책과 기행문을 쓸 종이가 가득했다.

1747년 4월 9일

임금님께서 아버지를 창덕궁으로 불러들여, 선물에 대해 의논하셨다. 임금님께서 먼저 화려한 비단을 보내지 말자고 하셨다.

"통신사가 사용하는 예단* 가운데 문단紋緞과 금선金線은 우리나라에서 이미 금지하고 있으니, 예단을 다른 주단紬緞으로 바꾸어 보내는 것이 좋겠다."

그러사 영의정과 우의정이 반대하였다.

"예전에 보내던 비단을 다른 물건으로 바꿔 보내면 왜인들이 트집 잡아 엉뚱한 일을 일으킬 것입니다."

아버지도 말씀하였다.

"왜인에게는 신의信義로 책망할 수 없습니다."

통신사를 모시고 가려는 왜인들이 이미 부산에 와서 왜관에 머물고 있었다.

✱ 예단: 일본에 보내는 선물 목록을 적은 종이.
✱ 문단: 무늬가 있는 비단.
✱ 금선: 금실을 수놓아 무늬를 만든 천.
✱ 주단: 명주의 비단 따위를 통틀어 이르는 말.

1747년 5월 8일

 동래부사 홍중일이 아뢰었다.

"왜인이 새로 즉위하는 장군뿐만 아니라, 물러나는 장군에게도 예단을 보내 달라고 고집을 부립니다."

임금님께서 나라 재산을 맡은 호조판서 김시형, 외교를 담당한 예조참판 김상로, 통신사 정사인 아버지를 창덕궁으로 불러들여 의논하셨다. 여러 신하들은 그런 전례가 없으니 허락할 수 없다고 하였으나, 임금님은 물러나는 장군이 30년 동안 조선과 통신한 의리를 보아 예단을 보내자고 하셨다.

1747년 5월 12일

　　　　　　예전에는 통신사가 부산까지 내려가는 동안 충주, 안동, 경주에서 큰 잔치를 베풀었다. 하지만 아버지는 너무 많은 비용이 드니 한 군데로 줄이는 편이 좋겠다고 생각하셨다. 창덕궁에 들어가 임금님을 만나 뵙고, 이들 도시 중 한 군데서만 전별연을 하게 해 달라고 아뢰었다.

1747년 11월 28일

천문과 기상을 맡아보는 관상감에서 오늘 떠나는 것이 좋겠다고 정해 주었다.

아버지는 부사, 종사관과 함께 관복 차림으로 창덕궁에 들어가 임금님께 하직 인사를 하였다. 임금님께서는 아버지에게 술잔을 내리시며 "멀리 바다의 물결을 건너게 하려니, 나도 모르게 몹시 걱정이 된다."고 하셨다.

우리는 숭례문 밖에 있는 관왕묘에 들러 편한 옷으로 갈아입고, 말을 타고 떠났다. 30리를 가서 양재역에서 잤다.

부산에서 함께 떠날 인원은 모두 4백 72명이고, 아버지의 배에 탈 사람은 1백 66명이라고 하였다. 그러나 한양(서울)에서는 사신 세 명과 서기, 군관, 화원이나 역관 등의 전문가만 같이 떠나고, 부산까지 내려가면서 고을마다 필요한 사람을 구해서 데려가기로 했다. 통영에서 배를 만들기 때문에 뱃사공도 통영이

✽ 관왕묘: 통신사가 도성을 나와서 처음 머문 장소로, 《삼국지연의》에 나오는 관우를 모신 사당이다.
✽ 30리: 10리가 4킬로미터쯤 되니, 30리는 12킬로미터쯤 되는 거리다.
✽ 양재역: 이때의 역은 말을 갈아타고 쉬어 갈 수 있는 장소를 말한다.

나 동래에 많았다. 그러다 보니 한양에서는 단출하게 몇십 명만 떠나게 되었다.

부산에서 일본까지 가는 길에는 경치 좋은 곳이 많을 뿐만 아니라, 일본의 모습을 제대로 보고하기 위해서는 그림을 잘 그리는 화가가 필요했다. 아버지는 도화서 화원이었던 이성린과 최북을 뽑아서 함께 떠나셨다.

일본에서는 조선의 인삼과 의학을 가르쳐 줄 수 있도록 의원을 많이 데려와 달라고 이야기했다. 이전에 통신사로 갔던 의원들의 수준이 낮다고 불만이 많았던 모양이다. 그래서 이번에는 양의 조숭수를 데리고 가신다.

나같이 나이 어린 아이들도 데려가는데, 영천·경주·동래를 지나면서 똑똑하고 글 잘 쓰는 아이들을 뽑아 가신다고 한다.

5백 명 어른들 사이에 나보다 어린 아이들이 열댓 명쯤 될 거라니 빨리 만나고 싶다.

---

*이성린: 열 번째 통신사 여행길에서 만난 아름다운 풍경과 특별한 장소를 30폭의 그림으로 담아냈다. 이 그림들은 〈사로승구도〉라는 이름으로 전해진다. 제목의 '사로槎路'는 사신이 가는 바닷길, '승구勝區'는 절경이란 뜻이다.

*최북: 불같은 성격으로 기이한 일화를 많이 남긴 화원. 이성린과 함께 조선통신사 일원으로 일본에 다녀왔다. 이에 대한 자세한 기록은 없지만, 최북이 일본에서 그림으로 명성을 얻어 귀국 후에도 그의 그림을 사러 일본인들이 조선으로 오기도 했다고 전해진다.

영천 조양각 앞에서 행해진 마상재
마상재는 달리는 말 위에서 옆에 매달리기, 거꾸로 서서 달리기, 말 두 마리 함께 타기 등 여러 가지 무예를 선보이는 일 또는 그 무예를 부리는 사람을 말한다.

1747년 12월 12일

영천˙에 머물렀다. 경상 감사 남태량이 전례에 따라 조양각˙에서 전별 잔치를 마련해 주었다.

˙영천: 조선통신사 행렬의 주요 집결지였다. 경상감사는 무사히 잘 다녀오라는 의미로 임금을 대신해 전별 잔치를 열었는데, 이 자리에서 우리 전통 기병무예에서 진화한 마상재가 행해졌다. 경북 영천시는 이러한 전통 문화를 계승하고자 해마다 '조선통신사와 마상재'를 주제로 행사를 진행하고 있다
˙조양각: 경북 영천시 금호강 벼랑 위에 자리 잡은 누각.

1747년 12월 16일

천 리 길을 20일 동안 말을 타고 달려서 오늘에야 동래(부산)에 도착했다. 동래에서 십 리 못 미쳐 십휴정에 도착하자, 종사관이 짐을 검사했다. 인삼 같은 밀수품이 있으면 모두 빼앗았다. 일본인들이 인삼을 워낙 좋아해서, 해마다 몰래 숨겨 와서 내다 파는 사람들이 많았기 때문이다.

오리정에 도착하자 사신 일행이 모두 흑단령으로 갈아입고, 수많은 깃발과 군악대가 앞에 섰다. 군관들은 모두 활통을 두르고 국서를 실은 가마 앞에 섰으며, 나도 군복 차림으로 앞에 섰다. 사신들은 말을 타고 뒤따랐다.

동래 부사 민백상이 국서를 맞이하고 앞에서 인도하였다. 국서를 숙소에 모시고 세 사신이 동쪽 벽에 늘어서자 동래 부사가 뜰에서 네 번 절하였다. 국서와 사신은 임금을 상징하기 때문이다.

✱ 천 리 길: 실제로는 서울에서 부산까지 540킬로미터, 1,374리에 해당한다.
✱ 흑단령: 조선시대 관리들이 입었던 검은 빛깔의 관복. 옷깃이 둥글고 소매가 넓으며 발꿈치까지 내려온다.
✱ 국서: 왕이나 국가의 대표가 보내는 외교 문서.

1747년 12월 18일

부산 바닷가에 있는 영가대*에 갔더니, 우리를 싣고 바다를 건너갈 배가 와 있었다. 큰 배 네 척은 통영에서 만들어 왔고, 짐 싣는 배 두 척은 부산에서 만들었다고 한다. 아버지와 내가 함께 탈 가장 큰 배에 들어가 보았다.

길이가 14길*(약 24미터)에, 너비가 6길(약 10미터)이었고, 위에 판잣집이 열두 개 있었다. 판잣집 안은 사람 둘이 나란히 누울 만했으나 높이가 낮아서 서 있을 수는 없었다. 아버지가 머무시는 방은 왼쪽 첫 번째였는데, 한 칸짜리 집같이 넓었다. 그 위의 조타실에서 선장이 키를 잡았는데, 단청한 사다리를 타고 오르내렸다. 조타실 옆의 옥상은 매우 넓어서 수십 명이 둘러앉아 회의를 할 수 있었다.

배 가운데에는 높이가 열댓 길(약 26미터)이나 되는 돛이 두

*영가대: 부산 서쪽 바닷가에 배가 닿는 나루를 만들면서 파 올린 흙으로 생긴 언덕에 지은 정자. 통신사가 무사히 바다를 건널 수 있게 제사를 지냈던 곳이자, 통신사가 출발하는 곳이다.
*길: 길이의 단위. 한 길은 사람의 키 정도의 길이로 약 1.7미터에 해당한다.

개나 서 있는데, 돗자리로 된 돛을 활짝 펼치면서 바람의 속도에 따라 방향을 바꾼다고 한다. 뱃머리에는 군관들에게 명령을 전하는 큰 북이 걸려 있고, 배꼬리에는 커다란 키가 하나 꽂혀서 배가 나갈 방향을 잡아 주었다. 좌우에 노가 각각 일곱 개씩 있어, 돛을 달지 않을 때는 격졸*들이 노를 저었다.

판잣집 아래층에는 일본에 선물할 물건과 군량미, 짐을 보관하는 창고가 있고, 선원과 격군*, 종 들이 머무는 방도 있었다. 공간이 넓어서 1백여 명의 음식을 만드는 부엌까지 있었다.

정사인 아버지의 배에는 푸른 깃발에 '정선正船'이라 쓰여 있고, 부사의 배에는 황색 깃발에 '부선副船'이라 쓰여 있다. 부사의 배는 아버지가 탈 정선보다 조금 작았다. 화물선에는 '복선卜船'이라는 깃발이 걸려 있다.

숙소로 돌아와 왜군이 쌓았다는 증성*에 올라가 봤다. 구름과 안개 사이로 쓰시마 섬이 보였는데, 그다지 멀지 않았다.

*격졸, 격군: 배에 짐을 싣거나 다른 허드렛일을 하며 선원을 돕는 사람.
*증성: 임진왜란 때 왜군은 동래읍성을 함락한 뒤 거기서 멀지 않은 곳에 왜성을 쌓았다. 그 성의 모양이 시루를 엎어 놓을 것 같다고 하여 '증성甑城'이라 불렸다.

이성린, **부산**, 〈사로승구도〉 중에서
그림 앞쪽 언덕에 있는 집이 영가대이다.

1748년 1월 4일

객지에서 설날을 보냈다고 경상 좌수사 이언섭이 관례에 따라 잔치를 열어 주었다. 세 고을의 기생들이 모여서 노래와 춤 솜씨를 뽐냈으며, 요리 일곱 개에 술잔이 아홉 차례나 돌았다. 자리에 앉아 있는 남녀가 모두 장식용 꽃을 꽂아 안이 화려하였다. 밤이 깊어서야 잔치가 끝났다.

1748년 1월 9일

새벽에 영가대에 가서 해신제를 지냈다. 40년 전에 부산에서 역관들을 태우고 떠난 배가 쓰시마 와니우라 항구로 들어가려다가 폭풍을 만나 1백 8명이 모두 물에 빠져 죽은 사고가 일어난 적이 있었다. 그런 일이 또 생기지 않도록 바다 신에게 풍랑을 잠재워 달라고 비는 제사였다.

관상감에서 오늘이 배 떠나기 좋은 길일이라고 했기에, 바닷길이 열렸는지 살펴보기로 했다. 밥을 먹은 후 국서를 받들고 군악을 울리며 행진하였다. 사신들은 도포를 입고, 군관들은 군복 차림으로 배를 탔다.

왜인들도 수십 명이나 왜관에서 나와 우리 배를 살펴보았다. 아버지가 술을 한 잔씩 주었더니 모두들 고마워 어쩔 줄 몰라 했다. 바지도 입지 않고 맨발로 걸어 다니는 모습이 남쪽 오랑캐가 분명했지만, 우리말도 잘하고 공손하였다.

왜인들은 머리카락을 대부분 깎고 귀 위에만 한 움큼씩 남겨 놓아, 머리 뒤쪽으로 상투를 틀고 종이끈으로 묶는다. 옷깃은 매우 넓어서 그 안에 물건을 감출 수도 있다. 이따금 미투리를 신은 사람도 있었다. 꽤 추운 날인데 모자도 쓰지 않고 옷 위에 아무것도 걸치지 않았으면서 추운 기색이 없으니 또한 이상했다.

1748년 2월 2일

배에 갔더니 선장이 방마다 이름을 써서 걸어 놓았다. 아버지 방에는 풍랑이 심한 바다에서도 산같이 듬직하라고 '여산재如山齋'라 하였으며, 국서를 모신 방은 '호서각護書閣'이라고 했다.

내 방은 오른쪽에서 두 번째인데, '불가부지와不可不知窩'라는 이름이 붙어 있었다. '알지 않을 수 없다.'는 뜻인데, 이번 여행에서 여러 가지를 보고 배우라는 뜻으로 붙여 준 듯하다.

양의 조숭수와 한방을 쓰게 되었으니, 여러 가지 약재에 대해서도 '알지 않을 수 없는' 기회를 얻은 셈이다.

1748년 2월 9일

배 떠나는 의식을 치른 뒤, 국서를 모시고 배에 가서 잤다. 밤 열 시에 왜인과 선원 수백 명이 크고 작은 배 열여섯 척에 나눠 타고 왔다. 두모포 앞바다에 머무르며 순풍을 기다렸다.

왜인이 삼층 도시락과 술통을 바쳤다. 입맛에 맞지 않아 먹을 수가 없었다. 끝내 순풍이 일지 않아 떠나지 못했다.

1748년 2월 12일

맑았다. 일행이 동시에 배에 올라 임금님께 장계를 올렸다. 길을 안내하는 왜인이 배마다 대여섯 명씩 나눠 탔다. 호위하는 배들이 여러 척 이미 앞장섰다. 배마다 울긋불긋한 깃발들이 펄럭였다.

왜의 작은 거룻배 두 척이 와서 아버지와 내가 탄 배를 앞에서 이끌었다. 여섯 척의 배가 차례로 돛을 걸고 나갔다. 그런데 10리도 못 가서 앞서 가던 왜의 배에서 갑자기 돛이 떨어져서 돛대를 돌리더니 바람이 바뀌어 앞으로 나갈 수 없다고 하였다. 어쩔 수 없이 배를 돌려 두모포 앞바다에 닻을 내리고 배에서 잤다.

＊장계: 지방에 나가 있는 신하가 왕에게 중요한 일을 보고하던 문서.

1748년 2월 15일

흐렸다. 초량 앞바다를 거쳐 돛을 걸고 다대포 앞바다를 지나 40리(약 16킬로미터)를 갔다. 앞 배에서 다시 돛이 떨어져 돛대를 돌렸는데 바람이 너무 약해 나갈 수 없다고 했다. 배를 돌려 다대포 부두에 머물렀다.

1748년 2월 16일

맑았다. 드디어 서북풍이 불어 다대포에서 배를 띄웠다. 뱃멀미를 하다 보니 어느새 5백 리(약 2백킬로미터)를 이동해 쓰시마 섬의 와니우라 항구에 이르렀다.

40년 전에 역관 1백 8명이 떼죽음을 당한 와니우라 벼랑은 보기만 해도 끔찍했다. 무사히 도착해서 정말 다행이다.

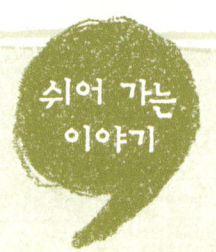

살인 사건까지 일으킨 인삼의 인기

 홍경해의 이야기에는, 종사관이 조선통신사 일행의 짐을 검사하는 장면이 나와. 인삼 같은 밀수품이 나오면 모두 빼앗았다고 하지.
 일본에서 조선 인삼은 만병통치약으로 알려져 있어 인기가 아주 높았어. 그래서 통신사는 일본에 줄 선물로 인삼을 챙기기도 했고, 역관이나 수행원 가운데 몇몇은 인삼을 몰래 챙겨서 일본에서 비싸게 팔기도 했지. 그런데 이건 큰 범죄였기 때문에 종사관이 부산에서부터 짐을 살피고 엄하게 단속한 거야.
 일본에서도 인삼 밀수는 엄격하게 금했어. 인삼을 독점하여 팔던 가게인 '인삼좌人蔘座'는 주요한 수입 가운데 하나였거든. 인삼을 일본에 수출하면서 조선은 막대한 일본 은화를 벌어들였고, 일본은 무역 적자가 커졌지.
 다행히 홍경해 때는 인삼 밀수가 없었지만, 바로 앞 아홉 번째 사행 때는 역관들이 인삼을 밀수하려다 들통이 나서 엄벌을 받은 기록이 있어. 아홉 번째 통신사의 제술관으로 다녀온 신유한이 쓴 《해유록》에 나와 있지.

1719년 10월 7일 에도에서 역관 권흥식의 보따리에서 인삼 12근, 은 2천 1백 50냥, 황금 24냥이 발견되었고, 오만창의 보따리에서도 인삼 10근이 발견되었어. 인삼을 10근 이상 밀수하면 사형에 처하는 법에 따라 쓰시마에 도착하면 목을 베기로 했는데, 그 법을 잘 알고 있는 권흥식이 쓰시마에 도착하던 12월 28일에 독약을 마시고 자살했대. 보따리에서 나온 은과 황금의 양을 보면 인삼 밀수의 규모가 얼마나 크고 이익이 많았는지 짐작할 수 있어.

열한 번째 사행 때인 1764년 4월 7일에는 살인 사건까지 벌어졌어. 그날 새벽 오사카 니시혼간지에서 괴한이 도훈도(장교) 최천종을 칼로 찔렀어. 최천종은 "이번 사행에 왜인과 다투거나 원한을 산 일도 없는데, 왜인이 왜 나를 죽이는지 모르겠다."는 말을 남기고 세상을 떠났어. 사건이 일어난 현장에는 '어영魚永'이라는 글자가 새겨진 왜인의 칼만 남아 있었지.

당시 일본은 여러 개의 번으로 나뉘어 있었는데, 쓰시마 출신의 왜인이 오사카에서 살인을 하고 다른 번으로 달아났으므로, 여러 번의 수사관들이 동원되어 범인을 잡느라고 여러 날이 걸렸어. 결국 쓰시마 역관 스즈키 덴죠가 범인으로 밝혀져, 군사 2천 명과 배 6백 척을 동원해 18일에 체포했어.

숙소였던 니시혼간지에서 19일부터 범인을 심문하였는데, "최천종이 6일에 거울을 잃어버리자 스즈키 덴죠가 훔쳐 갔다고 의심하며 말채찍으로 때렸기 때문에 분을 이기지 못해 밤늦게 찾아와 죽인 것"이라고 살해 동기가 밝혀졌지.

그러나 거울 하나 때문에 국제적인 살인 사건이 일어났는지는 확실치 않아. 스즈키 덴죠는 5월 2일에 사형에 처해졌어.

《명화잡기》나 《사실문편》 같은 일본 책에는 대부분 인삼 판매 대금을 나눠 달라는 독촉 때문에 살해했다고 기록되어 있어. 쓰시마 역관들은 에도까지 호위하면서 인삼을 팔아 주고 그 돈을 나눠 가졌는데, 그 과정에서 불만이 생겨 일어난 칼부림일 가능성이 많지. 한양에서 따라온 역관들은 자신들까지 연관이 될 수 있는 문제를 더 이상 추적하지는 않았을 거야.

이 사건은 일본 땅에서 외국 사신이 살해된 제법 큰 사건이라 일본인들에게 관심을 끌어, 3년 뒤에 연극으로 만들어졌어. 둘째 날까지 사람들이 구름같이 모여들었는데 갑자기 "사정이 있어 상영 중지"되고 그 뒤로는 줄거리까지 바뀌었어. 아마도 외교 문제가 생길까 봐 나라에서 중단시킨 듯해.

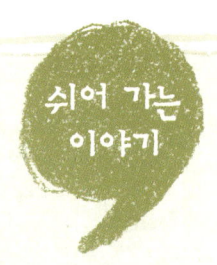

조선통신사 여행길은 정말 힘들어

조선 시대 통신사들이 탄 배는 바람과 사람의 힘만으로 가는 범선인 데다가 주로 가까운 바다만 오갔으므로 큰 바다를 건너 외국에 가기에는 적당치 않았어. 순풍이 불어야 배가 떠날 수 있어서 부산에서 해신제를 지낸 뒤에 며칠씩 바람을 기다렸지.

홍경해 일행도 2월 12일에 부산을 떠나 10리를 가다가 앞에서 길을 안내하던 일본 배의 돛이 떨어져 되돌아왔고, 2월 15일에는 40리까지 갔는데 바람이 너무 불지 않아 되돌아왔어. 1747년 12월 16일 부산에 도착했는데, 1748년 2월 16일이 되어서야 일본으로 출발할 수 있었지.

부산을 떠나서도 고생은 계속되었어. 통영에서 정사가 타고 갈 큰 배를 만들었지만, 부산에서 쓰시마 섬까지, 쓰시마 섬에서 아이노시마 섬까지 가는 바닷길이 워낙 험했어. 그래서 대부분의 기행문은 뱃멀미로 시작하지.

쓰시마에서 가장 먼저 보이는 곳이 와니우라 절벽인데, 깎아지른 절벽이 악어의 이빨 같은 데다 그곳으로 들어가면 배가 힘을 잃어 번번이 부서지거나 뒤집히기 때문에 한자로 '악포鰐浦'라고 했어.

통신사는 쇼군이 즉위할 때만 일본에 가고, 평소에는 역관이 부산에서 쓰시마에 파견되었어. 쓰시마 제3대 번주의 죽음을 조문하고 제4대 번주의 세습을 축하하기 위해 1703년 2월에 역관 한천석이 파견됐는데 갑자기 불어 닥친 폭풍으로 일행 1백 8명이 모두 물에 빠져 죽고 말았어.

와니우라 절벽에 서면 부산이 바라보이는 전망대가 있고, 그 옆에 1백 12개의 초석으로 기단을 쌓은 '조선국 역관사 순난비'가 세워져 있어. 조선 사절단 1백 8명에 쓰시마 안내인 4명을 더한 숫자지.

홍경해 일행은 2월 16일에 와니우라에 겨우 도착했어. 하지만 2월 21일 와니우라 항구에 정박해 있던 부사의 배에 불이 나서 악공 서운창, 사령 김취경 등이 불에 타 죽고 십 여 명이 심한 화상을 입었어. 게다가 인삼 72근을 비롯한 수많은 선물들이 불에 타 버려 사행에 큰 차질을 빚었지.

8개월 남짓 걸리는 일본 뱃길이 이같이 험난하기에, 정사나 부사로 임명되고도 부모가 늙었다거나 자신이 병에 들었다고 핑계 대면서 가지 않으려다가 벌을 받는 사람도 많았어.

열한 번째 사행 때는 모두 네 명이 죽었는데, 선장 유진원은 배 밑창에 떨어져 죽고, 소동小童 김한중은 풍토병으로 죽었으며, 격군

이광하는 정신 착란으로 제 목을 찔러 죽고, 최천종은 살해당했어.
 교통과 통신이 불편하던 시기에 통신사로 일본에 다녀오는 것이 얼마나 힘난했는지 짐작할 수 있지. 지금도 일본 절에는 최천종과 김한중의 혼을 모신 위패가 남아 있어.

둘째 장

일본 여행의 시작, 쓰시마 섬

1748년 2월 16일

맑았다. 와니우라에는 3백여 가구가 사는데, 밭이 없어서 많은 사람들이 물고기를 잡아먹고 산단다. 산기슭에 조금 있는 자갈밭에 잡곡을 키운다고 하니 우리나라 화전민 같았다.

초가집이 많았는데, 관청도 초가집이었다. 머리를 길게 기른 아주머니들이 이를 검게 칠한 걸 보니 이상했다. 시집가지 않은 아가씨들만 이를 검게 칠하지 않는다고 한다.

일본은 무사의 나라라고 하더니, 어린 남자애들도 칼을 차고 다녔다. 대여섯 살 난 아이들이 자기 키만큼 큰 칼을 차고 있는 모습이 우스웠다.

금도청* 관리들이 배를 검사하면서 조선 사람과 일본 사람이 개인적으로 물건을 교환하지 못하게 지켰다. 뱃머리까지 걸음마다 등을 달아매고 밤새 불을 환하게 켜 놓았다. 감히 얼씬거릴 수도 없었다.

＊금도청: 질서를 유지하고 옳지 못한 일을 찾아내는 관청.

1748년 2월 17일

흐리다가 개었다. 아침을 먹고 나자 일본인 안내원이 배에서 육지로 내리기를 요청하였다. 일본 군악대가 음악을 연주하며, 줄을 지어 의장대가 환영하였다. 칼을 찬 군관이 앞에 서고, 국서를 받든 우리 군관이 그다음에 섰으며, 세 사신이 가마를 타고 그 뒤를 따라갔다. 나도 제술관 아저씨와 함께 그 뒤를 따랐다.

쓰시마 사람들이 길가에 무릎을 꿇고 앉아서 구경했는데, 아무도 떠들지 않고 조용했다.

1백여 걸음을 가자 숙소에 도착했다. 아주 깨끗한 시골집이라 마음에 들었다.

담장은 네모반듯하고 뜰에는 꽃나무를 많이 심어 놓았다. 문처마에 '정사 숙소'라고 쓰여 있었다. 조선보다 따뜻한 곳이어서 흙을 바르지 않은 판잣집이었다. 조선에서와 다르게 장지문을 밀고 당겨서 열고 닫았다. 문마다 길이와 넓이가 똑같아서, 한 짝이 부서지면 시장에서 사다가 바꿔 달아도 어긋남이 없었다.

온돌방은 없고, 대청 위에 두꺼운 다다미*를 깔았다. 시골 어부의 집도 이렇게 화려한 걸 보면 일본인들이 얼마나 사치스러운지 알 만하다.

조선에서는 변소가 뒤뜰에 있어 밤에 혼자 가려면 무서웠는데, 이 집에는 침실 옆에 깨끗한 변소가 있어서 밤에도 무섭지 않고 편했다. 종려나무, 동백나무, 귤나무, 유자나무 등이 울창하여, 저절로 울타리가 되었다.

저녁에 처음으로 일본 음식을 만들어 주었다. 익힌 음식을 올렸는데, 붉은 소반 두 개에 각각 검게 칠한 작은 그릇 여러 개를 쌓아서 가져왔다. 밥그릇을 들고 젓가락으로 먹었으며, 국도 그릇째 마셨는데, 채소국이나 생선으로 만든 장이 너무 싱거워서 먹을 수가 없었다.

✽ 다다미: 일본의 전통 집 방바닥에 까는 누꺼운 톳사리.

1748년 2월 19일

날이 늦게 개었다. 에도까지 안내하는 관리가 삼사를 뵙기를 청하였다. 세 사신이 평상복으로 다다미방에 서자, 우두머리 역관이 일본인 두 명을 데리고 들어왔다.

일본인들은 계단에서 칼을 풀어 놓고 맨발로 기둥 밖 돗자리 위에 이르러 두 번 절하였다. 사신이 손을 들어 답례하자 자리에 앉았다. 문안 인사를 하고 바로 나갔다.

오늘부터는 일본 음식을 만들어 주지 않고 재료를 주었다. 닷새 치 양식을 받았다.

정사, 부사, 종사관: 가장 좋은 쌀 25수두*

우두머리 역관: 15수두

격군 같은 하관: 5수두

우리나라에서 쓰는 되로 계산하면 1수두는 3되이니, 50수두가 1섬이다. 품질이 중간쯤 되는 쌀은 조선에서 보내 준 공작미*에

물을 탄 것이다. 상해서 먹을 수가 없었다.

닷새 치 반찬은 이랬다.

좋은 술 15수두, 맛이 단 간장 5수두, 간장 2수두, 식초 1말, 사슴다리 5개, 소금 6수두, 참기름 2수두, 초 15쌍, 말린 고등어 2마리, 김치 15그릇, 닭 10마리, 방어 2마리, 생복어 15마리, 표고 4수두, 참마 4수두, 술 3냥 2전, 고비 1묶음, 미나리아재비 2수두 7홉 5석, 겨자 2수두, 산초 2수두.

조선에서 데려간 요리사를 시켜 조선 음식을 해 먹으니 살 것 같다.

* **수두**: 일본에서 사용하는 단위로 1수두는 3되이고, 우리 단위로 7홉이다.(일본 단위 홉과는 다름.) 50수두가 한 섬이니 25수두는 반 섬이고, 한 섬은 144킬로그램이므로 반 섬은 약 72킬로그램 정도로 짐작 가능하다.
* **공자미**: 쓰시마 섬에서 솜을 들여온 대가로 조선에서 보낸 쌀.

1748년 2월 21일

바람이 거셌다. 부사가 타고 온 배에 불이 나서 군졸과 창원에서 온 악공 서운창, 울산에서 온 사령 김취경이 불에 타 죽고 말았다. 화상으로 목숨이 위태로운 환자가 열댓 명이나 되니 참혹하기가 그지없다.

쇼군에게 선물할 예단도 불에 타 인삼 72근, 무명 20필, 미용향美蓉香 3백 10매가 불타 없어졌다. 관복, 모자, 짐 보따리 들도 불에 타서 재가 되었다.

화재 상황에 대하여 장계를 써서 연락선에 부쳐 보냈다. 쓰시마 번주에게도 편지를 써서 에도에 보고하도록 했다.

1748년 2월 23일

오전 열 시쯤 배를 탔다. 부사는 화물선에 탔다. 우리가 탄 배 한 척마다 푸른 깃발, 노란 깃발, 붉은 깃발을 단 비선* 열 척이 앞장서서 이끌었다.

포구를 빠져 나오자 바윗돌들이 바닷가에 잇달아 널려 있었다. 비선이 좌우에 늘어서 있고, 우리가 탄 배가 그사이로 지나갔다. 돛단배가 아주 빨랐다.

1백 70리를 달려서, 날이 저물 때에 요시우라에 들어가 배를 대고, 배에서 잤다. 조선통신사 5백 명 말고도 안내하는 일본 관리가 1천 명이 넘어, 일본 시골 포구에는 잠잘 숙소가 없었다. 그래서 큰 절이 없는 동네에서는 배에서 잤다.

✽ 비선飛船: 나는 듯이 빠르게 가는 작은 배.

1748년 2월 24일

　맑았다. 오전 여덟 시쯤 노를 저어서 포구에 갔다. 산줄기가 구불구불하고 꽉 막혀 있어서, 어디로 들어와서 어디로 나가는지 알 수가 없다. 강원도 고성의 삼일포가 아름답다지만, 이보다 더하지는 않으리라. 배를 타고 층층 암석과 절벽을 빙빙 돌아보니 철쭉과 동백, 복숭아와 살구 등 온갖 꽃들이 물결에 비쳐 굽이굽이 아롱졌다. 곳곳마다 머물며 구경할 만하였다.

　쓰시마 번주의 관아는 이즈하라에 있는데, 번주 소 요시유키가 이즈하라에서 5리(약 2킬로미터)쯤 배를 타고 나와서 맞이하였다. 번주의 배는 우리나라 전함처럼 생겼는데 좀 작았으며, 매우 정교하고 화려하였다. 좌우에 나무판을 세우고 그 위에는 오색의 현란한 장막을 설치하였다. 뱃머리에는 의장대를 배치했는데, 활과 검, 조총 등을 들고, 모두 비단으로 덮여 있었다.

　번주는 조타실에 있는 의자에 기대 앉아 있었다. 바닥에는 붉은 담요가 깔렸고, 의자 덮개는 마치 붉은 양산 같았다. 번주는 자색 옷을 입고 머리에는 풍절건*을 썼다. 번주의 양옆에는 수행원 10여 명이 늘어서 있었는데 머리에 아무것도 쓰지 않았다. 노 젓는 수십 명의 사람들은 모두 청색 옷을 입고 있었다.

번주의 배가 우리 배와 서로 마주하자, 흑단령을 입으신 아버지께서 평상에서 내려와 두 차례 손을 모아 절하였다. 아직 어려 보이는 번주의 시중들이 물러나 공손하게 엎드렸다.

항구에 배를 대고 보니 아직 정오도 되지 않았다. 늘어서 이어진 큰 집들이 봄 숲 산허리에 하얀 벽과 같이 빛나고 있어, 마치 서양 나라의 한 폭 그림 같았다. 번주가 사람을 보내 육지에 내리기를 청하였다. 숙소는 세이잔지라는 절이었다.

세 사신이 머무는 방에는 온돌 반 칸이 있었는데, 이번 통신사행을 위해 새로 지었다고 한다. 주방, 욕실, 변소는 상방* 왼 곁에 한 칸이 있었다. 그 옆에 소동이 머무는 숙소 한 칸이 있어, 나와 소동 인숙이 묵었다. 모두 가깝고 편리했다. 수백 명이 머무는 방마다 작은 패에 글씨를 써 알아보게 해서 조금도 복잡하지 않았다. 사신 일행이 매우 많았는데도 집 두 채에 모두 묵을 수 있으니 집이 얼마나 넓은지 짐작할 만했다.

*풍절건: 검은색에 앞은 높고 뒤는 넓은 길쭉한 모양의 두건.
*상방: 한 집의 가정이나 뭔이의 우두머리가 묵는 방.

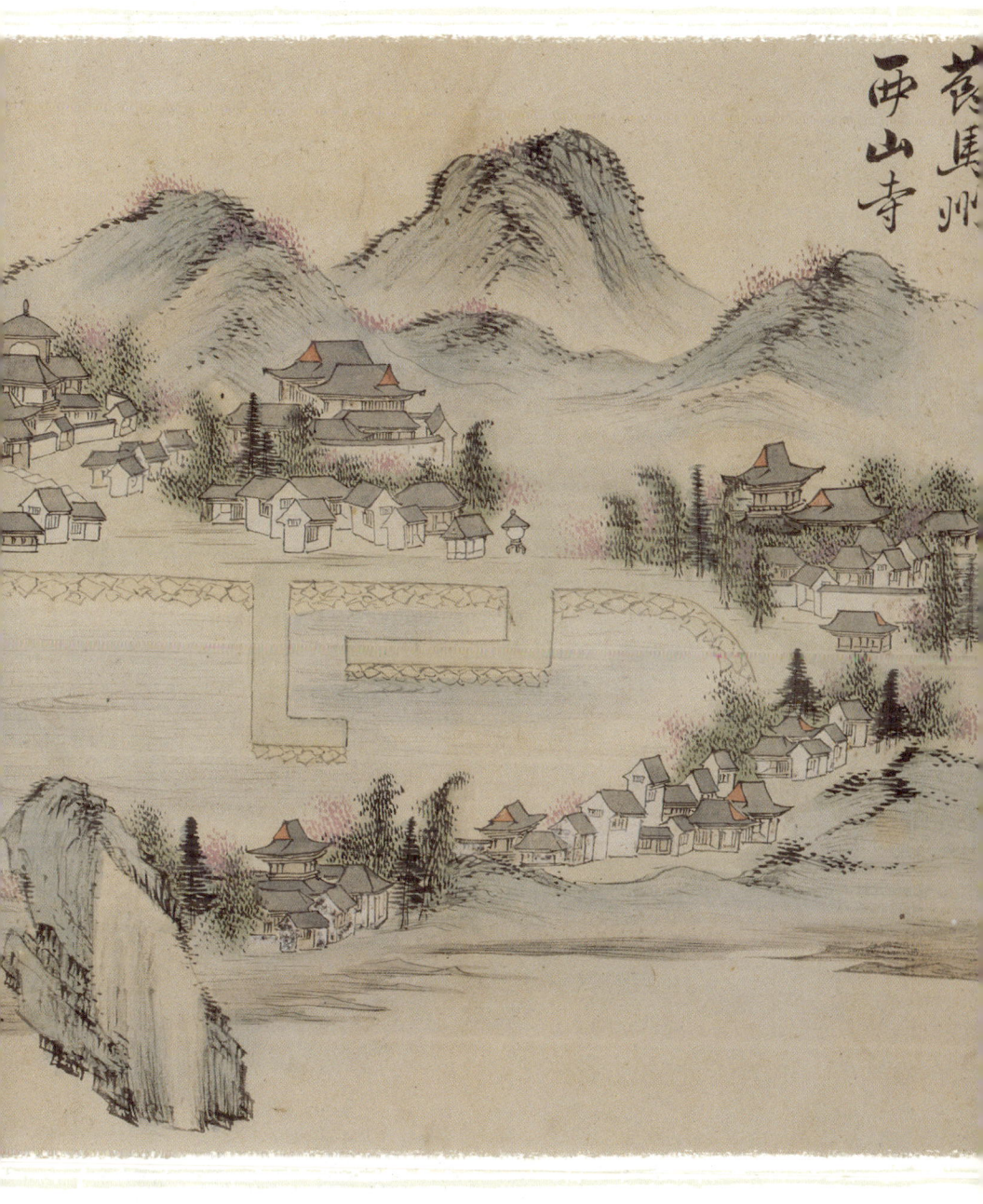

이성린, 쓰시마 섬 세이잔지, 〈사로승구도〉 중에서

자리를 정해 앉았노라니 익힌 음식이 나왔다. 반찬 그릇을 가짜 꽃으로 장식했는데 자세히 보아도 진짜인지 가짜인지 알기 어려웠다. 열서너 살쯤 되어 보이는 일본 아이가 소반을 내왔는데, 우리나라 소동과는 비교할 수 없게 매우 날렵하게 왔다 갔다 하였다.

우리를 에도까지 안내해 주는 이테이안* 암자의 장로* 승견 스님은 에도에서 임명해 보냈는데, 시도 잘 짓고 지위도 높다. 이 스님이 두 나라 사이에 오가는 문서를 맡아 보았으며 3년에 한 번씩 교체되었다. 쓰시마 번주가 글을 잘 못 짓기 때문에, 번주가 가는 데마다 뒤따라 다니며 자문하였다.

포구마다 금도청에서 수상한 사람을 붙잡아 조사했다. 누구든 배에서 내리면 금도청에 가서 옷을 전부 벗고 두 다리 사이에 가린 수건도 풀고 발가벗고 서 있게 하였다. 보기만 해도 우스웠지만, 우리 조선인들을 안전하게 지켜 주기 위해서라고 한다.

이테이안 암자에 가 보니 스님 둘이 때때로 차를 내왔다. 일본

* 이테이안: 쓰시마 섬에 있는 절로, 에도에서 임명한 승려가 머물며 외교 업무를 맡아 보았다.
* 장로: 조선통신사를 수행한 일본의 승려를 가리키는 말.

스님들은 우리나라와 달리 장가도 들고, 아이도 낳는다고 하니 정말 우습다.

이즈하라를 하루 구경했더니, 집이며 음식이며 옷차림이 정말 조선과 모두 다르다. 그나마 한자를 쓰는 사람들이 몇 명 있어서 필담을 하며 이야기를 주고받을 수 있으니, 꼬불꼬불한 글씨를 쓰는 서양 오랑캐들과는 또 다르다.

1748년 3월 7일

비가 내렸다. 번주가 우리 화원에게 그림을 부탁하고, 군관들에게 마상재를 공연해 달라고 청했다. 군관 세 명이 번주의 집으로 가 마상재를 공연하였다. 마을 사람 대부분이 몰려들어 구경하였고, 모두 아낌없이 칭찬하였다. 번주가 술과 안주를 내어 마상재 군관들을 대접하였다.

글씨를 쓰는 사자관 두 명과 그림을 그리는 화원 두 명은 옷을 갖추어 입고 번주의 별당으로 들어갔다. 마침 번주의 어린 아들이 들어와 구경했는데, 나이가 열두 살이고 이름은 미치라고 했다. 몹시 똑똑해 보였다. 사자관 두 사람은 우리나라에서 가져간 닥종이에 글씨를 네다섯 권이나 썼다. 화원들은 그림을 네 폭 그렸는데 모두 좋다고 칭찬했다.

1748년 3월 11일

맑았다. 번주가 잔치에 초대했기에, 오후에 세 사신이 옷을 갖춰 입었다. 아버지는 홍단령에 관을 쓰고 띠를 두른 뒤에 가마를 탔다. 군관들은 군복에 활통을 차고 의장대를 이끌고 군악을 울렸다. 조선에서는 마상재에 사용할 말만 데려왔기에, 나졸이나 격군까지도 모두 일본 말을 탔다. 방자는 걸어서 따라왔다.

어두워질 무렵에 잔치를 마치고 돌아왔다. 모두들 우리나라에서 보지 못한 화려한 집이라고 했다. 부사는 "쓰시마 번주의 집이 왕궁을 본떴다고 들었는데, 지금 보니 왕궁보다 더 화려하다."고 하였다.

일본의 동전은 우리나라의 작은 엽전과 같았다. 뒷면에는 '관영통보寬永通寶'라고 쓰여 있고, 앞면에는 글자가 없었는데, '문

✱ 홍단령: 조선시대 관리들이 입었던 붉은 빛깔의 관복. 흑단령은 가장 격식을 갖춘 의복으로 의례를 행할 때 입었고, 홍단령은 공무를 볼 때 주로 입었다. 조선통신사 일행은 여러 종류의 관복을 챙겨 가 상황에 따라 갈아입으며 격식을 갖추고 예의를 표했다.

✱ 방자: 조선 시대 공공기관에서 심부름하던 남자를 일컫는다.

文' 자나 '원元' 자가 쓰여 있기도 하였다. 96문이 1냥*으로, 은 1전이라고 한다.

에도 막부*에서 쓰시마 번주에게 통신사 접대하는 일을 맡기면서 금 4천 냥*을 보내 주었는데, 은으로 계산하면 6만 냥이 되며, 올해 다시 2천 냥을 더 주었다고 한다. 번주가 요리사를 보내 요리를 올리도록 하였는데, 거의 반이나 도둑맞아 구색이 맞지 않았다. 반찬거리를 미처 마련하지 못했다고 여러 번 변명하더니, 끝내 바치지 못했다. 분명하게 책임을 따지고 싶었지만, 제대로 된 음식을 바치라고 독촉하자니 궁상을 떠는 것 같아 난처했다.

번주가 서기와 화원 세 명에게 은자 각 1매*를, 마상재 두 명에게 각 2매를 보냈다. 한나절 수고하고 엄청나게 많은 돈을 번 셈이다.

* 냥: 일본 돈의 단위. 홍경해의 기록에는 96문이 1냥이라고 나오지만 다른 통신사 기록에는 100문이 1냥으로 나오기도 한다.
* 막부: 무사인 쇼군이 통치하는 정부. 도쿠가와 이에야스가 세운 도쿠가와 막부는 에도가 중심지라서 흔히 '에도 막부'라고 불린다.
* 냥: 여기서는 무게 단위를 뜻한다. 당시 금 1냥이 은 15냥에 해당했다고 볼 수 있다. 오늘날의 기준으로 보면 금 1냥은 37.5g 정도로 환산 가능하며, 이는 1,757,797원 정도의 금액으로 가늠할 수 있으나, 금이나 은의 가치는 시대에 따라 큰 차이를 가지게 때문에 확정적으로 볼 수 없다.
* 매: 은자(은화)를 세는 단위. 에도 시대 쓰이던 화폐에는 금화, 은화, 동전이 있었다. 은자는 무게가 그대로 화폐의 가치가 되었는데, 1매가 4냥 3전쯤 되었다.

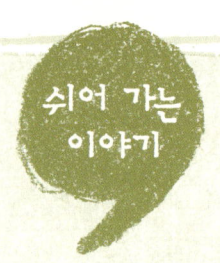

조선통신사에는 어린이도 있었어

조선 시대 사람들은 지금 우리처럼 자유롭게 외국 여행을 할 수 없었어. 그나마 남자 어른들은 나랏일을 보러 외국에 갔다 올 수 있었고, 홍경해 같은 청년들은 자제군관으로라도 따라갈 수 있었지만, 여성이나 어린이들은 외국에 갈 기회가 거의 없었지.

그런데 조선통신사에는 어린이들도 따라갈 수 있었어. 바로 '소동小童'이라 불리는 아이들이야. 소동은 사신들이 글을 쓰거나 행사를 할 때에 심부름을 하고, 때로는 흥을 돋우기 위해 장기자랑도 펼쳤어.

주로 부산이나 동래에 살던 아이들 가운데 일본말을 할 줄 아는 열다섯이 안 된 아이들을 뽑아서 데려갔지. 열아홉 명까지 뽑았다고 하는데, 통신사의 정식 수행원이었으니 넉넉하게 봉급도 주었다고 해. 소동 중에는 인삼을 몰래 팔아 돈을 챙긴 아이도 있었대.

소동을 하다가 잘되면 '소통사'로 승진할 수도 있었어. 소통사란 일본어를 공부하는 학생으로 간단한 통역 일을 하고, 문서와 장부 정리 일을 하던 사람이야. 일본에 나가서 새로운 경험도 하고, 일본 말도 익히고, 돈까지 벌 수 있으니 소동은 많은 어린이들이 꿈꾸는 자리였을 거야.

일본에서도 조선통신사를 맞기 위해 어린이 수행원을 뽑았어. 통신사 환영 잔치에서 시중드는 일본 아이들을 '약중若衆'이라 하는데, 소동과 비슷한 나이였어. 홍경해가 잔치 때 보았던 날렵한 아이들이 바로 약중이었지. 1682년 통신사로 일본을 방문했던 김지남은 《동사록》에서, 잔치에서 시중을 드는 아이들이 모두 나이 어리고 얼굴이 곱고 영리하다고 기록했어.

통신사 일행은 약중 외에도 일본 어린이들을 종종 만날 수 있었어. 조선의 이름난 시인들에게 인정받기 위해 일본 아버지들이 아이들을 데려왔거든. 통신사는 아이들이 가져온 시와 글씨를 보고 잘 쓰면 격려해 주기도 했지.

소년들만 온 게 아니라 분킨이라는 열두 살 소녀도 시를 지어 와 보여 주었다는 기록이 있어. 때로는 소동과 일본 아이가 함께 시를 짓고 글씨를 쓰기도 했대.

이런 걸 보면 어린이들에게도 통신사는 새로운 문화를 접하고 성장할 수 있는 좋은 기회였던 모양이야.

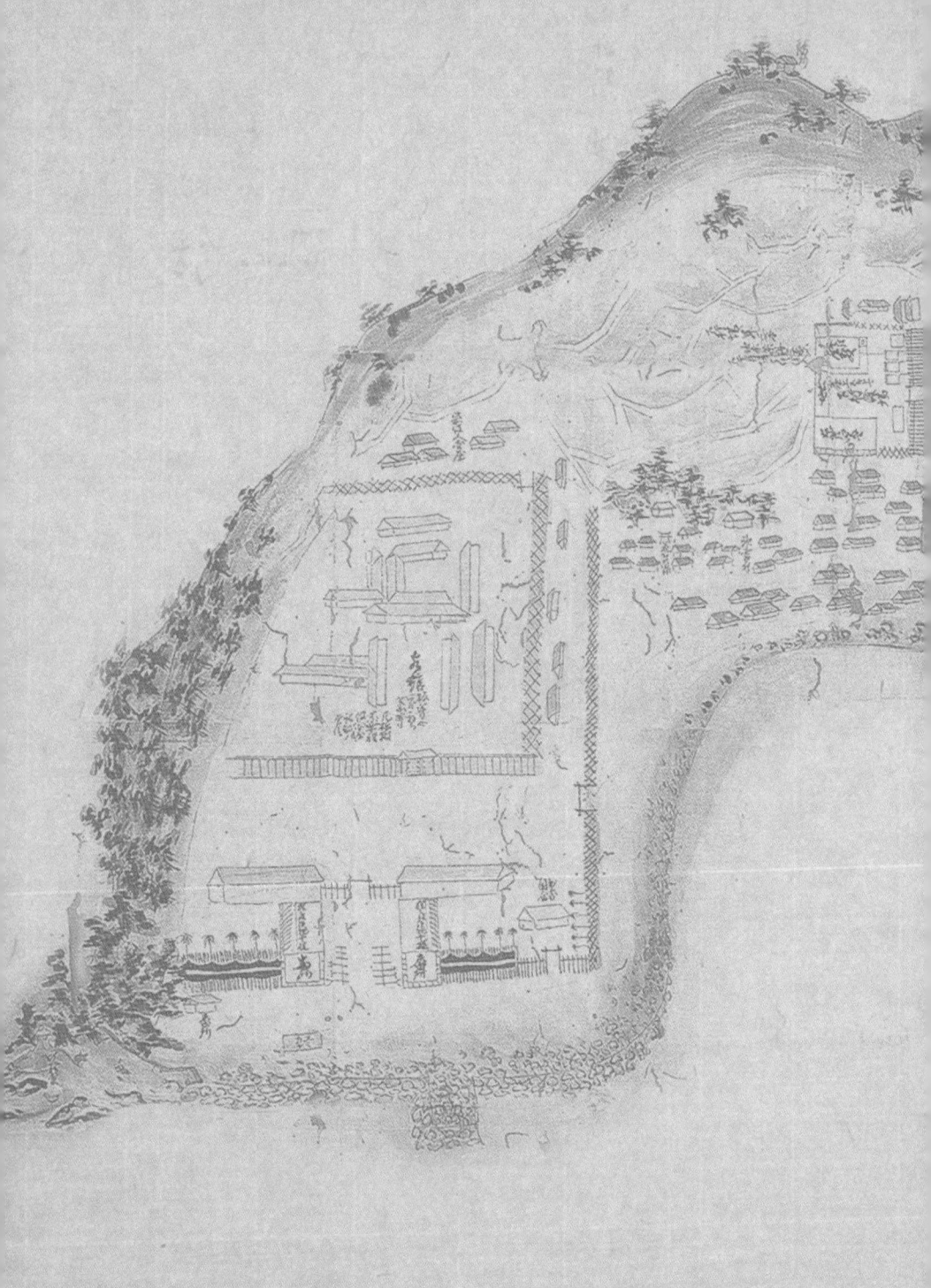

셋째 장

신선이 사는 곳처럼 아름다운 아이노시마 섬

1748년 3월 17일

　어제부터 순풍이 불었다. 그래서 밤에 미리 배에 타고 떠날 준비를 했다. 배마다 일본 역관과 금도*가 탔다. 옆에서 1백여 척의 작은 배들이 호위했는데, 휘장과 등불에 모두 쓰시마 섬의 표식인 오동나무 잎을 그렸다. 이즈하라에서 출항하여 이키노시마 섬까지 4백 80리(약 188킬로미터)를 갔다.

　뱃길을 안내하는 일본 배 수십 척이 돛을 펴고 앞장을 섰고, 번주와 승견 스님의 배가 그다음을 이었다. 우리나라 배는 그 뒤를 이었는데, 포구가 저만치 보이는 곳에 이키노시마 섬의 배 6, 70척이 나와 맞이하였다. 붉게 칠한 배들이 많았고, 배마다 '品' 자 모양의 깃발을 내걸었는데 이키노시마 섬의 배 표식이었다.

　산허리는 온통 보리밭이었는데, 우리나라보다 남쪽이어서 벌써 이삭이 패었다.

　부두에 숙소가 있었는데, 마을 사람이 살던 집들을 허물고 이

---

*금도: 조선통신사를 지키는 경비원 역할을 하는 일본 관리.

번 통신사 일행을 위해 새로 지었다고 한다. 방마다 종이와 벼루를 준비해 놓았는데, 벼루와 연적은 우리나라에서 사 가지고 온 것이었다.

나는 자제군관 자격으로 따라왔기 때문에 아버지의 방 옆 '군관호위소'라고 쓰인 방에 묵었다. 저녁에 서기 이봉환과 함께 배에 갔다. 다리 양쪽에 걸음마다 등불이 매달려 있었다. '품品' 자 등불이 수백 개나 늘어서 있어 장관이었다.

쓰시마에서보다 음식 재료를 많이 주었다. 일본인들이 불교를 믿기 때문에 소고기나 돼지고기는 없었고, 여러 가지 생선을 많이 주었다. 처음 보는 열대 과일도 많고, 일본 술이나 과자와 담배도 신기했다.

이번에 따라온 일본 역관들은 50명이었는데, 모두 더듬거리는 일 없이 우리말을 잘했다. 새로 즉위한 쇼군이 통신사를 초청한 뒤 3, 4년 동안 밤낮으로 우리말을 연습했던 것이다. 우리나라 역관처럼, 일본 역관들도 몇 달 동안 우리를 수행하면서 많은 돈과 선물을 받기 때문에 조선어를 열심히 공부한다. 번주가 인솔하는 일행이 1천 5백여 명인데, 나는 신기한 구경거리가 있을 때마다 역관들에게 자주 물어보았다.

오늘은 번주가 스키야키*라는 요리를 보내왔다. 일본 요리사가 와서, 화로에 쇠 냄비를 올려놓고 3층 찬합에 물고기와 전복, 계란, 무, 파 등을 담아 바로 앞에서 익혀 주었다. 그 맛이 열구자탕*만 못하였지만 담백한 느낌은 더 나았다. 일본인들이 담백한 음식을 좋아하기 때문이다. 일본 요리사들은 자신이 대접한 음식을 사신이 많이 먹으면 번주에게 상을 받았다. 나는 일본 음식 가운데 둥근 떡이 가장 맛있었다.

포구에서 고래를 잡아서 지나갔다. 겨우 한 마리를 끄는 데 배가 50여 척이나 쓰였다. 고래는 비늘이 없고 껍데기도 없어 커다란 악어 같았다. 고래를 잡을 때는 고래잡이꾼들이 큰 바다에 나가서 배를 타고 고래를 사방으로 둘러싸, 긴 창으로 마구 찔러 고래가 힘이 빠지기를 기다린단다. 그러다가 떠오르면 비로소 배로 끌고 올 수 있다.

포구에 10여 칸이나 되는 고래잡이 두목의 집이 있는데, 문 앞에 큰 깃발 두 개를 세워 두었다. 두목은 관아에 세금을 바치

* 스키야키: 일본의 대표 전골 요리. 고기나 생선, 야채 등을 냄비에 넣고 짭짤한 양념 국물에 끓여 먹는다.
* 열구자탕悅口子湯: '입을 즐겁게 하는 탕'이라는 뜻으로, 신선로를 달리 부르는 말이다.

고 고래잡이꾼들과 이익을 나누었는데, 집이 매우 부유해서 번주가 이따금 두목에게 돈을 빌린다고 하였다.

고래 회를 먹어 보았는데, 돼지고기처럼 보였지만 맛은 노루고기 같아 먹을 만하였다.

고래 잡는 모습을 공연해 주겠다고 해서 구경하였다. 작은 배 네다섯 척에 열댓 명씩 타고 노를 저었는데 모두 벌거벗었다. 뱃머리에 힘센 어부가 긴 밧줄이 매인 큰 작살을 들고 섰다가 허공을 향해 힘껏 던졌다. 휙 돌아서자마자 작살을 거둬 다시 던졌다. 던질 때 옷을 풀고 거둘 때 옷을 입는데 매우 빨랐다. 뒤에 있는 배들도 같은 동작을 계속하였다. 고래를 잡을 것 같은 상황이 되면 모든 배들이 질주하여 벼락같이 일을 처리하니 정말 장관이었다.

고래를 만나면 작살을 잘못 던지는 일이 없었고, 작살을 맞은 고래가 움직이는 대로 뒤쫓아갔다. 고래가 힘이 빠지면 다시 작살로 구멍을 뚫어 밧줄로 묶어 돌아왔다. 고래가 날뛰어 배가 뒤집혀서 가라앉으면 어부들이 모두 헤엄쳐 나와서 다시 배에 탔다. 고래라는 놈은 매우 둔해서 일단 달아나기 시작한 뒤에는 머리를 돌리지 못한다고 한다.

일본 나가사키*에는 중국 난징, 베트남, 태국, 캄보디아, 자카르타, 네덜란드 등 여러 나라 무역선들이 드나든다고 한다. 일본은 입국 허가서가 없는 무역선이 들어오면 배 안의 사람을 죽이고 몇 사람만 남겨 다른 배에 실어서 돌려보낸다.

네덜란드의 배 만드는 법은 매우 정교하다. 일본인들이 말하기를 세계에서 배를 가장 잘 만드는 나라는 네덜란드이고, 그다음은 중국 난징과 일본이고, 조선 배가 가장 엉성하단다. 조선은 사신이 중국이나 일본에 오갈 때 말고는 외국 무역을 하지 않기 때문에, 큰 배를 만들 필요가 없었던 것이다.

네덜란드인은 코가 크고 얼굴은 희며 눈은 푸르고 맑은데 매우 흉측하게 보인다. 머리는 깎기도 하고 더러는 남겨 두는데, 남겨 둔 머리카락은 황색으로 물들이며 더러는 회색으로 물들인다. 신체발부 수지부모*라고 했는데 머리를 깎고 물들이다니, 네덜란드인들은 참으로 흉측한 서양 오랑캐다.

* 나가사키: 일본 규슈에 있는 항구 도시. 이 시기 일본은 쇄국 정책을 시행했고 오직 나가사키 한 곳만 개방해서 외국 배들이 드나들고 교류할 수 있게 하였다.
* 신체발부 수지부모身體髮膚 受之父母: 몸과 머리와 피부는 부모님에게서 받은 것이라는 뜻이다.

1748년 4월 2일

아침을 먹고 나자 우두머리 선원이 와서 서풍이 분다고 고하였다. 번주가 탄 배는 이미 떠났다. 우리 배도 돛을 걸고 뒤따랐는데, 작은 배 열여덟 척이 마치 새의 날개처럼 벌려 서서 우리 배를 끌어 주었다. 점점 바람이 줄어들어 속도가 느려지자, 선원들이 돛을 내리고 노를 저었다.

멀리 나가사키가 보였는데, 일본에서 중국이나 네덜란드에 개항한 포구다. 그 나라들과 외교는 맺지 않았지만, 무역은 허락했기 때문에 해마다 중국의 책과 비단들이 엄청나게 많이 들어왔고, 서양의 조총이나 망원경 같은 기계들도 수입됐다.

날이 저물어가자 자욱한 물안개가 하늘까지 이어져 바로 앞도 분별할 수 없으니, 아이노시마 섬이 어디인지 알 수 없었다.

밤이 깊어지자 등불 수백 개를 매단 배들이 재빨리 노를 저어 와서 우리를 맞이하였다. 배는 보이지 않고 등불만 보였기 때문에, 마치 수많은 유성들이 푸른 하늘로 올랐다가 내려오는 것 같았다. 등불에는 모두 동그라미가 하나씩 그려져 있었다. 아이노시마 섬의 배라는 표식이었다.

1748년 4월 3일

육지에 내려 숙소로 갔는데, 뱃머리에서 몇 십 걸음이었다. 우리가 온다고 해서 판잣집 천여 칸을 새로 지었다고 한다. 방마다 목욕실이 딸려 있었고, 안에는 수건, 탁자, 등, 자리, 큰 통과 작은 통이 있었다. 일본인들은 남녀가 함께 목욕을 하기 때문에 모든 도구가 이와 같이 꼼꼼하다고 한다.

아이노시마 섬은 한 조각 작은 섬으로, 집이라고 해야 수십 채밖에 안 된다. 파도가 드센 바다를 건너다 하루 머무는 곳인데, 몇백 명 사는 섬에 손님이 2천 명이나 들이닥치니, 섬사람들도 접대하느라고 정신이 없었다.

소나무와 귤나무 숲이 고리처럼 빙 둘러 있으며, 보리밭은 가을에도 푸르다고 한다. 1백 리나 되는 고운 백사장이 섬을 감싸고 있다. 섬 굽이굽이 푸른 벽이 둘러 있어, 옥으로 만든 소반 같다. 숲 울타리가 울창하고 구름처럼 뭉게뭉게 오르는 연기는 담담하면서 호탕하다. 넓은 바닷가에는 적송이 죽 펼쳐졌다.

서쪽에서 동쪽까지 모두 망망한 푸른 바다였는데, 이곳에서는 바닷물을 볼 수 없고 문득 커다란 호수가 만들어졌으니 참으로 하늘이 빚은 장관이다.

멀리 서남쪽에 있는 항구 하카다(지금의 후쿠오카)는 이 일대에서 가장 번화한 도시인데, 신라의 박제상이 조국에 절개를 지키며 죽은 곳이고, 고려 시대에 포은 정몽주 선생이 왜구에게 붙잡혀 간 우리 백성들을 찾으러 왔던 곳이다.

기이한 모양의 바위들이 파도 속에 우뚝 서 있는데, 가운데에 마치 문처럼 구멍이 나 있어서 작은 배가 능히 들락날락할 수 있으니, 코입바위라고도 하고 콧구멍바위라고도 한다. 이밖에도 기이한 경관이 너무 많아서 다 기록할 수가 없다.

풍랑이 일면 배가 떠나지 못해 며칠이건 머무르는데, 2천 명이나 되는 손님에게 며칠씩 밥을 해 먹이느라 지친 섬사람들은 빨리 순풍이 불게 해 달라고 제사까지 지냈다고 한다.

후쿠오카에 사는 학자나 시인들이 조선 시인과 필담을 하려고 몰려들었다. 조선어와 일본어가 달라서 서로 알아듣지 못하니, 붓으로 한문을 써서 일본인이 주로 질문하고 조선인이 대답

✽ 박제상: 신라 눌지왕 때 충신으로, 일본에 볼모로 잡혀 있던 왕자를 구출하고는 자신은 붙잡혀 죽임을 당했다.
✽ 정몽주: 고려를 침입하는 왜구를 막기 위해 1377년 일본에 사신으로 파견되어 협상을 벌였다. 이후 일본에서는 왜구를 막는 데 협력하겠다고 약속했고, 조선인 포로 1백여 명도 함께 돌려보냈다.

했는데, 우리가 에도에서 국서를 전달하고 돌아올 때쯤엔 필담 내용이 책으로 출판된다고 한다.

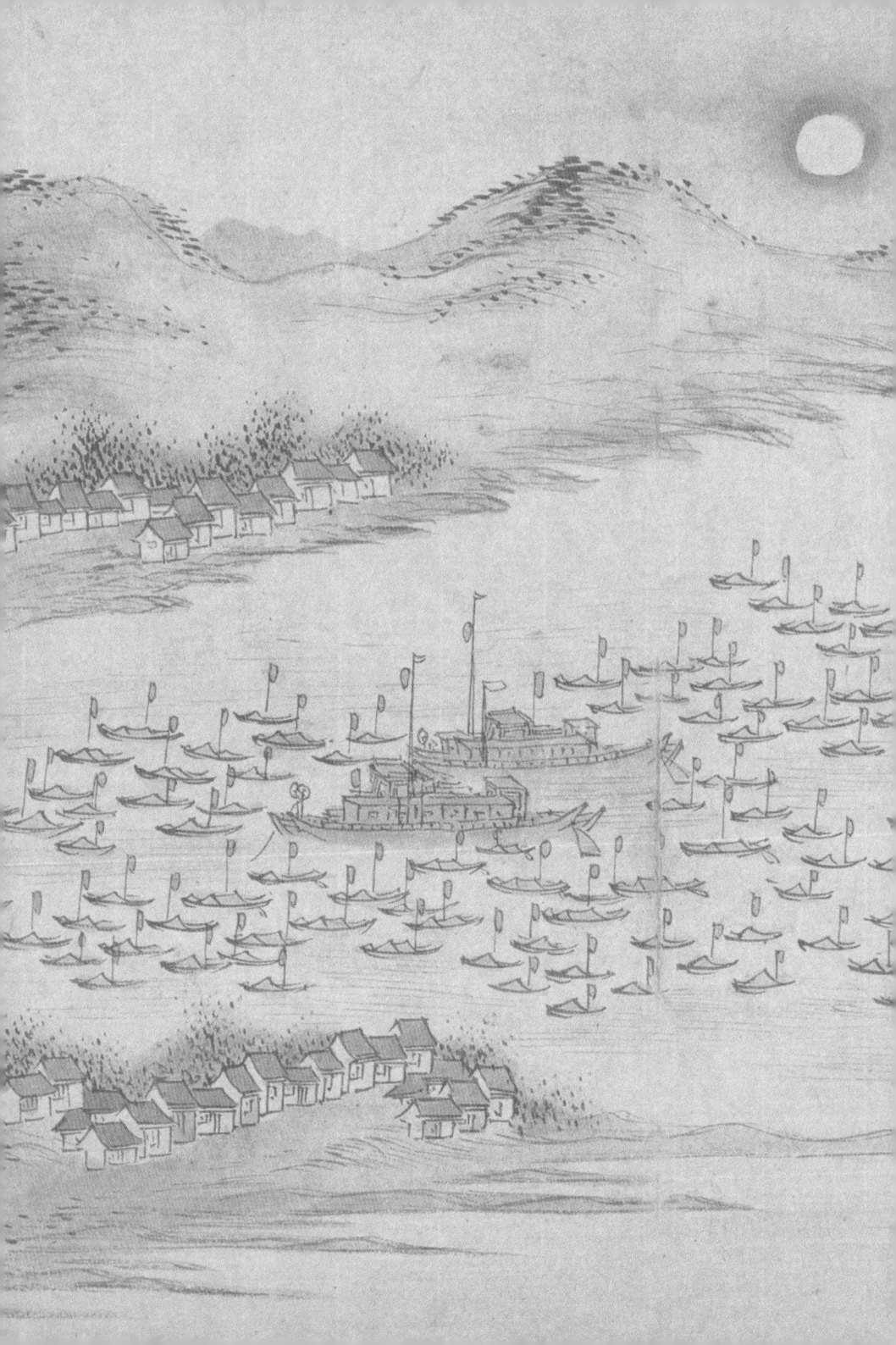

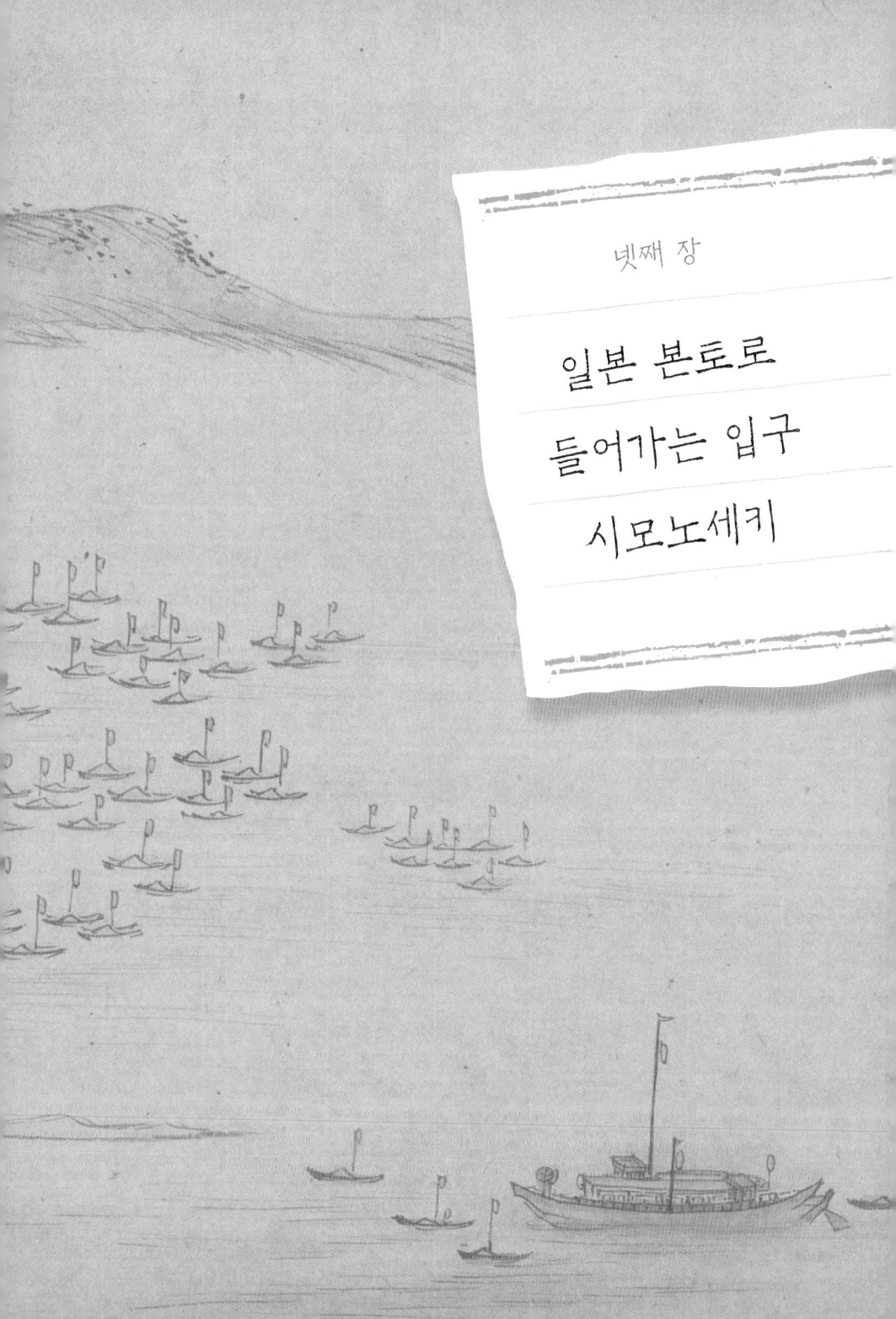

넷째 장

일본 본토로 들어가는 입구 시모노세키

1748년 4월 4일

배를 타고 5, 60리를 가서 가네야라는 곳을 지났다. 일본인들이 임진왜란 때 큰 종을 싣고 오다가 이곳에서 배가 뒤집혀 종이 바다에 빠졌다고 한다. 도요토미 히데요시가 1만 명의 군사를 동원해 건지려고 했으나 실패하였다. 그때부터 '종이 머무는 곳(鐘屋)'이라 불리고 이를 지명으로 삼았는데, 여울 물소리가 아주 시끄러워 정말 큰 종이 울리는 것 같았다.

오후 들어 맞바람이 더욱 거세졌다. 일본 배는 가볍고 빨라서 끌고 갈 수 있는데, 우리나라 배는 모두 보조 돛을 내걸고 마치 험한 고개를 넘을 때처럼 곧장 오르지 않고 구불구불 돌아서 나아갔다. 1백여 리를 간 것 같았는데 실제로 앞으로 나아간 거리는 겨우 10여 리였다.

1748년 4월 5일

오후에 물살을 타고 닻줄을 풀었다. 지쿠 주의 배가 좌우 날개가 되고, 고쿠라의 배가 그사이에서 있어서 세 줄로 늘어선 배들이 우리 배를 끌었다. 크고 작은 배를 모두 합하면 서른 척쯤 되었다. 맞바람이 불더라도 걱정이 없었다.

통신사는 여기부터 오사카까지 계속 바닷가를 따라가다가 오사카에 이르러 처음으로 육지에 오른다. 육지 사이의 좁은 바다이기 때문에 풍랑도 거의 없을 뿐 아니라, 시골 마을에는 2천 명이나 되는 통신사 일행이 머물 만한 숙소도 없기 때문에 배에서 자야 한다.

10여 리를 가서 고쿠라를 지나는데, 바다를 따라 하얀 벽이 10리쯤 이어졌다. 바닷물을 끌어다 만든 해자* 가운데 5층 망루가 솟아 있었다. 푸르게 아로새긴 다리의 그림자가 파도 속에 떨어지고, 높은 저택들이 안개 낀 물가에 펼쳐졌으며, 푸른 소나무와 늙은 귤나무가 구름 속에 아름다운 정원을 이루었다.

*해자: 적의 침입을 막기 위해 성 둘레에 구덩이를 쭉 파고 물을 흐르게 만든 곳.

10여 리를 더 갔더니 시모노세키의 배들이 바다를 덮으며 맞이하러 왔는데, 마치 전쟁터에서 적의 배를 맞이하는 것 같았다. 일본인이 탄 배는 모두 난간에 그림을 그리고, 주홍색으로 칠했다. 우리 배를 일본 배 두 척이 호위하고, 작은 배 10여 척이 끌어주었다. 구경하러 나온 마을 사람들의 배까지 합하니 수천 척이나 되어 정말 장관이었다.

우리나라에서 수군을 훈련하는 것은 통영을 으뜸으로 치는

데, 지금 이 장면을 본다면 그것도 다만 어린아이의 장난에 지나지 않는다고 할 것이다. 마땅히 아이노시마 섬의 등불과 더불어 천하의 2대 장관이라고 할 수 있겠다.

 항구에 도착하니 돌을 쌓아 제방을 만들고, 널빤지로 다리를 만들어서 내리게 하였다. 다리 옆에 작은 배 두세 척이 있었다. 그 배 안에 도미, 숭어 등이 팔딱거리기에 일본 역관에게 물었더니, 우리에게 먹을거리로 바칠 물고기인데 산 채로 기른다고 하

였다. 깃발에 물고기가 그려져 있어서 그림을 보고 알 수 있었다.

　시모노세키 일대는 원래 임진왜란에 참전하여 경상도 상주에 진을 쳤던 모리 데루모토(1553년~1625년)의 영지였다. 도요토미 히데요시의 장군들 가운데 그나마 양심이 있어서, 명령에 의해 우리 백성들의 코를 베면서도 늘 측은하게 여겼다고 한다. 도쿠가와 이에야스가 도요토미 히데요시의 장수들과 싸워 승리한 뒤에, 모리 데루모토의 목숨을 살려 주어 스님이 되게 하였다. 영지 가운데 일부는 그의 아들에게 물려주었다.

　관아 북쪽에는 안토쿠 천황의 사당이 있다. 두 신하가 일으킨 전쟁 때문에 시모노세키로 왔다가 안토쿠 천황의 편이 패하자 이곳 바다에 뛰어들어 목숨을 끊었다. 그때 안토쿠 천황의 나이 여덟 살이었다. 나라 사람들이 안타깝게 여기며 사당을 세웠는데, 지금도 흙으로 빚은 안토쿠 천황의 상이 남아 있다.

　관아의 서쪽에는 신라의 흔적을 느낄 수 있는 백마 무덤이 있다. 옛날에 신라의 왕이 장군을 보내 일본을 공격하였는데, 일본인들이 화친을 요청하였다. 그러자 신라는 그것을 받아들여 그 징표로 백마를 죽여 이곳에 묻고 무덤을 만들었는데, 지금도 그 무덤 모양이 남아 있다. 신라인이 쌓은 무덤이라고 한다.

　숙소 문을 나와 서쪽 거리로 갔더니, 거리 양쪽이 모두 종로

처럼 가게였다. '고서물古書物'이라는 간판을 내건 집에 다가가서 보니 책꽂이에 1백여 질이 쌓여 있었는데, 대부분 의학 책이었다. 내가 어릴 때 읽었던《소학》은 큰 목판 글자로 찍었고,《강목》도 큰 글자로 되어 있었다.《도덕경》도 있었는데 하야시 라잔이 설명한 것이었다.

하야시 라잔은 조선통신사를 접대하는 책임자였기에 조선에도 알려진 인물이다. 나도 일본에 올 준비를 하느라고 6차 통신사 조경의 문집을 들춰 보다가 하야시 라잔이 조경과 주고받은 편지를 본 적이 있었다.

벼루를 만드는 집에 가 보니, 아이 두 명이 서로 마주하고 앉아서 돌을 갈아 벼루를 만들고 있었다. 아이들 뒤에 있는 대여섯 층 시렁에는 벼루 1백여 개가 놓여 있었다. 손바닥같이 작은 벼루도 있고, 붉은색, 푸른색, 녹두색, 분홍색 벼루들도 있어서 황홀했다. 조선에서 검은색 벼루만 보다가 이렇게 여러 가지 벼루를 보니, 어떤 색을 사야 좋을는지 알 수가 없었다.

*질: 세계 문학 전집 한 질처럼 여러 권으로 된 책의 한 벌을 세는 단위.
*벼루: 시모노세키에서 난 돌로 만든 벼루는 품질이 좋아서 조선 선비들이 많이 탐내는 물건이었다. 정조 때 실학자 유득공은 절친한 벗 이정구가 시모노세키에서 사온 벼루를 보고 너무 탐나서 훔쳐 달아났다고도 한다.
*시렁: 물건을 얹기 위해 벽에 나무를 가로질러 선반처럼 만든 것.

1748년 4월 7일

 시모노세키에서 배를 띄워 무코우라까지 1백 80리(약 70킬로미터)를 갔다.

서북풍이 불어서 아침에 닻을 들어 올리고 돛을 달았다. 북쪽 해안의 여러 산에는 곳곳마다 기이하게 생긴 바위와 깎아지른 듯한 낭떠러지가 있었다. 소나무와 삼나무에 둘러싸여 있고 산 아지랑이가 살랑거렸다. 산 아래에서 문득 빛나고 하얀 모래 사장이 수십 리, 혹은 십여 리 펼쳐졌다. 망원경으로 어디를 바라봐도 아름다운 숲과 그윽한 정원이 아닌 곳이 없었다.

오후에 바람이 잔잔해져서 무코우라에 들어가 닻을 내렸다. 아버지가 감기에 걸리셔서 육지에 내리고자 하였다. 일본 관리들을 시켜 마을에 묵을 만한 집을 찾아보도록 했다. 물이 얕아 마을의 언덕에 배를 댈 수가 없어서 일본 채선에 옮겨 타셨다. 채선*은 매우 정교하게 만들어져 붉게 칠한 난간에 그림을 그렸고 금을 뿌려 장식하였다. 사면에 창을 내어 열고 닫을 수 있었

---

*채선: 울긋불긋하게 채색으로 화려하게 칠한 배로, 번주가 사용하는 배다. 통신사가 오면 내어 주었다.

다. 중간에 장식한 방이 있는데 한 사람이 앉거나 누울 수 있었
다. 성성전*을 깔아 두었고, 문기둥과 문지방에 모두 검은색을 칠
했는데, 사람이 비치었다.

  몇 리를 더 가서 뭍에 올라 마을 집에 이르렀다. 7, 8리(약 3킬
로미터)를 갔는데 밤이 이미 깊었다. 마을 집은 번주가 왕래할
때 머무는 다옥*으로, 매우 누추하였다.

*성성전: 오랑우탄의 피로 물들인 붉은 천.
*다옥: 번주나 관리들이 여행할 때 묵었던 여관으로, 조선통신사 일행의 숙소로도
  사용되었다.

1748년 4월 8일

일본인들이 구름같이 찾아와 시를 지어 달라고 부탁했다. 사자관과 화원들도 글씨를 써 주거나 그림을 그려 주느라고 쉴 틈이 없었다. 심지어 종들까지 모두 붓을 잡고 서서 글을 써 주었는데, 청하는 사람이 계속 이어져 끊이지 않았다. 일본인들은 조선인에게 글을 얻으면 반드시 무릎을 꿇고 절하거나 이마를 조아리며 감사하였다.

숙소 뒤를 지나다 보니, 마침 어떤 통인*아이가 종이를 쌓아 놓고 붓을 휘갈겨 두전월미락斗轉月未落을 쓰는데, '전轉' 자를 '전傳'으로, '낙落' 자를 '낙洛'이라고 잘못 썼다. 받는 사람은 그것도 모르고 거듭 감사하며 머리가 땅에 닿도록 조아렸다.

일본인들은 나이를 가리지 않고 조선인의 글씨를 얻는 것을 영광과 행운으로 생각하여, 잘 쓰고 못 쓰는 것에 대해서는 전혀 생각하지도 않으니 내 보기에 우습다. 나는 옳지 못한 일이

---

*통인: 조선 시대 지방 관아에서 잔심부름을 하는 사람. 방자처럼 주로 아이들이었다.

*두전월미락: '북두칠성이 한 바퀴 돌고 달은 아직 지지 않다'는 뜻이다.

라 생각하여, 제대로 배우지 못한 하졸들은 붓으로 글씨를 쓰거나 그림을 그리지 못하도록 하였다.

  쓰시마 사람은 우리나라 사정을 잘 알고 우리나라 문물을 늘 보았기 때문에 처음부터 존경하는 마음이 없었다. 그러나 본토 사람들은 조선 사람을 볼 기회가 적어서 통신사 일행을 신같이 흠모하거나 신선같이 보았다. 일본인이라고 모두 간사하고 교활하지는 않다. 우리가 쓰시마 사람만 자주 보기 때문에 일본인은 간사하게 속이는 데 능하다고 생각하는 것이다.*

---

*이때 쓰시마는 농사지을 땅이 적어 조선과 일본 사이의 무역을 중개하는 일에 기대 살아갔다. 그래서 임진왜란 이후 두 나라 사이에 좋지 않을 때 쓰시마 번주는 다시 외교 관계를 맺도록 국서를 위조하는 일까지 벌였다. 이런 상황을 알았던 당시 조선 사람들은 쓰시마 사람들을 간사하다고 평했다.

1748년 4월 11일

숙소에 푸른 깁*으로 만든 모기장이 있어 사방에 쳤다. 높이는 8, 9척(약 240~270센티미터)이고 아래위 네 귀퉁이를 붉은 비단으로 장식하여 끝까지 이어 연결하였다. 초록색의 중국산 실로 네 귀퉁이에 금고리를 묶었다. 방의 네 귀퉁이에 자주색 끈으로 묶고 금 갈고리로 장막의 둘레를 매고 늘어뜨리니, 그 안이 한 칸 집이 되었다. 윗머리로부터 사방에 이르기까지 모두 하나의 장막이었기 때문에 모기가 들어올 수 없었다. 이것을 '모기장'이라고 불렀다. 만드는 법이 매우 정교하고 사치스러워서 자세하게 설명하기 어렵다. 일본에는 모기와 등에가 매우 많아, 모기장이 없으면 제대로 잠을 잘 수가 없다고 한다.

사자관 김천수의 종이 병에 걸려 죽었다. 각 방에서 쌀을 걷어서 시신을 처리하도록 했다. 시신을 묻을 관은 전례에 따라 머물고 있는 주에서 준비해 왔다고 한다. 시신을 조선으로 내보

---

*깁: 명주실로 바탕을 조금 거칠게 짠 비단.

내려면 장계를 올려 보고하는 일이 복잡해, 일단 그대로 두도록 하였다.

  일본인들이 말하기를, "소금에 시신을 묻어 항아리에 담아 표시해 두었다가 가을에 열어 보면 전혀 썩지 않는다."고 하였다. 일본인들은 객지에서 사람이 죽으면 이렇게 한다고 한다.

1748년 4월 15일

깜빡 조는 사이에 삐그덕 삐그덕 쉼 없이 노 젓는 소리가 들려서 놀라 깼다. 이미 오전 아홉 시가 지나 있었다. 어느새 삼십 리를 와서, 왼쪽 바닷가에 하얀 성첩과 층마다 활 쏘는 틀이 보였다. 대와 정자가 구름안개 속에서 은은하게 아른거리는 미하라 마을은 번화한 경치가 아름다울 뿐만 아니라, 이 고장에서 나오는 술과 종이로도 일본에서 유명하였다.

여기서부터 섬들이 짐짐이 떠 있어서, 마치 바둑돌 깔린 것도 같고, 별들이 늘어선 것도 같았다. 구불구불 싸고돌아, 한 굽이를 지나면 또 한 굽이를 만나게 되어, 들어오기는 하였으나 나오는 곳은 알 수 없었다. 하루 종일 지나온 경치가 고성의 삼일포와 다름이 없었다.

도모노우라에 10여 리쯤 못 미쳐 바다 가운데 백 길이나 되는 가파른 바위가 솟아 있었다. 휘날리듯 아득히 높은 누각이 바위 꼭대기에 붙어 있었는데, 돌을 쌓아 대를 만들고, 돌을 세

---

*성첩: 성 위에 낮게 쌓은 담. 몸을 숨기고 적을 쏘기 위해 만든 시설이다.
*대: 흙이나 돌 따위로 높이 쌓아 올려 사방을 바라볼 수 있게 만든 곳.

워 기둥을 만든 절이었다. 일본인들은 이 절을 '우시오 산 반다이지'라고 하였다.

사미승 몇 사람이 갑자기 절 아래에서 조각배를 타고 노 저어 와서는 보시하기를 청하였다. 예전의 통신사들이 그랬던 것처럼, 우리도 쌀과 종이와 약과를 주었다. 이 스님들은 바닷가에서 지나가는 사람을 기다리고 있다가 쌀과 돈을 구걸하며 좋은 바람이 불기를 기도해 준다고 한다.

그런데 같은 시간에 가는 사람을 위해서는 서풍을 빌어 주고, 오는 사람을 위해서는 동풍을 빌어 주니 결국은 둘 다 이루어질 수 없는 일이다. 일본에서는 앞뒤가 안 맞고 그때그때 대충 둘러대는 일을 가리켜 '반다이지 중의 바람 기도'라고 한다.

아침부터 90리(약 35킬로미터)를 달려 도모노우라에 이르렀는데 아직 오전 열두 시밖에 되지 않았고 바람도 순조로워, 쓰시마 번주에게 역관을 보내 "쉬지 말고 더 가자."고 했다. 그러자 번주가 대답했다.

"역참의 수는 에도에서 이미 정한 것이니, 만약에 건너뛰면 안내하는 사람이 에도로부터 큰 벌을 받게 됩니다."

끝내 따를 생각이 없어 보여 결국 마침내 이곳에 묵었다. 부두와 배다리*는 지나면서 보았던 마을들과 다름없었다. 마을은 번성하였고 누각과 정자는 훨씬 크고 웅장했다. 바닷가 위에 높은 누각과 종각이 있는데, 바라보고 있자니 신선의 거처 같았다.

날이 저문 뒤에 배에서 내려 숙소로 갔다. 부두에서 숙소까지 몇 리 떨어져 있었는데, 번화한 거리에 우리가 걸어가는 곳마다 천을 이어서 깔았다. 양쪽에서 사람이 지키고 서서 구경꾼들이 드나들지 못하도록 하였다. 집집마다 대나무 발을 늘어뜨리고, 걸음걸음마다 등불을 걸었다. 술집과 기생집에는 간판이 걸려 있었다.

예전 통신사들이 도모노우라에 오면 으레 바닷가에 있는 후쿠젠지라는 절에 머물렀는데, 이번에는 아미다지라는 절로 안내하였다. 후쿠젠지는 경치가 뛰어나 중국 동정호에 있는 악양루와 비슷하다고 소문났기에 조선에서부터 크게 기대하고 왔는데, 구경도 못 하게 되다니 너무 서운했다. 역관에게 물었더니, 불에 타 없어졌다고 한다. 다른 일본인에게 물어보니, 절에 가 볼 수는 있지만, 거의 다 무너지고 부서져 옛 모습이 없다고 한다. 정말 그런지, 우리에게 무언가 감추는 것인지 모르겠다.

*배다리: 작은 배를 한 줄로 여러 척 띄워 놓고 그 위에 널판을 깔아 만든 다리.

1748년 4월 16일

해가 뜨자 북풍이 불어 배에 올랐다. 우와지마의 배들이 와서 이끌었다. 산기슭을 천천히 돌았더니 왼쪽 언덕 바위 위에 큰 절이 있었다. 돌을 쌓아 대를 만들었는데 크고 웅장하였다. 앞에 있는 작은 섬에 아주 기묘하게 우뚝 솟은 절이 보였는데 물어보지 않아도 후쿠젠지라는 것을 알 수 있었다. 앞서 다녀간 사람들이 악양루보다 못하지 않다고 하였는데 과연 빈말이 아니었다. 부두와 처마와 계단까지 수리를 마쳤는데, 다른 장소에 숙소를 정한 까닭을 알 수가 없다.

앞에 보이는 마을에서 구경하는 배들이 앞뒤에 죽 이어져 있었는데, 사람들이 품에서 종이나 부채를 꺼내 우리 배에 던지면서 글씨를 부탁하였다. 글을 얻으면 손을 모아 이마에 대며 감사하였다. 어촌의 어리석은 아낙네까지도 글씨를 사랑하는 모습이 우리나라와는 달랐다. 일본인은 우리를 조선인이라 하지 않고, '한국인'이라 불렀다.

1백 30리(약 51킬로미터)를 달렸는데, 맞바람이 불고 썰물이 되니 배가 더 나아갈 수 없었다. 바다 가운데 닻을 내리고 조수가 차기를 기다렸다. 달이 동쪽 봉우리에 떠오르고 하늘에는 구름 한 점 없었다. 물결이 거세지자 모든 길이 온통 금빛으로 반짝였다. 자정에 조수가 밀려와 노를 저어 히비 앞바다에 이르렀다. 닻을 내리고 판잣집에 돌아와 누우니 닭이 요란하게 울어댔다.

이성린, 밤에 히비에 닿다, 〈사로승구도〉 중에서
오른쪽에 홍경해가 탄 정사의 배가 뒤처져 들어오고 있다.

다섯째 장

화려하고 번화한
오사카

1748년 4월 21일

바람이 어찌나 센지 배가 제대로 나아가지 못했다. 오사카의 배들이 멀리까지 마중 나왔기에 짐을 옮겨 실었다. 우리 짐에 하나하나 쪽지를 붙여 알아보기 쉽게 하였다.

왜인들이 옷을 벗고 배를 끌었는데 물이 겨우 무릎을 스칠 정도였다. 얼마 되지 않아 작은 배 대여섯 척이 와서 우리에게 옮겨 타라고 해서 모두 옮겨 탔다.

금빛이 휘황찬란하게 빛나는 배가 항구에서 15리(약 6킬로미터)쯤 떨어진 곳까지 나와서 우리를 마중하였다. 쓰시마 번주에게 "배가 분에 넘치게 훌륭해서 우리가 옮겨 탈 수 없다"고 사양했더니, 우리를 이렇게 달랬다.

"여러 지방의 영주들은 쇼군의 명령으로 통신사 일행을 접대하는 것이니 조금도 부담스럽게 생각하지 마십시오. 이제부터는 바다가 얕아서, 조선의 배로는 들어올 수 없습니다. 날이 이미 저물었지만, 지금이라도 옮겨 타십시오."

우리는 화려한 그림을 그린 배 열한 척에 나누어 탔다. 아버지를 따라 정사의 배에 타고 보니, 나무판 안팎을 모두 검붉게 칠했고, 난간에는 금을 입혔으며, 뱃머리와 꼬리에는 용과 봉황을 조각하였다. 방이나 툇마루에는 다다미를 깔고, 비단 휘장으로 사면을 빙 덮었다. 문이나 칸막이에는 금가루를 뿌린 종이에 산수화, 인물화, 꽃 그림 들을 그려서 걸어 두었다. 이 층으로 올라가는 사다리 옆의 변소까지도 화려했다.

 배 뒤편에 앉아 있는 사람이 노를 저으면서 먼저 뱃노래를 부르자 모두 따라하였다. 우렁차면서도 구슬퍼서 들을 만했다. 사신이 탄 배는 에도에서 준비한 것인데, 지난번(1711년) 통신사행 때에 만들어 사용했던 것을 수리했다고 한다. 나머지는 각 주에서 낸 것이었기 때문에 서로 정성껏 경쟁하였다. 배 한 척마다 좌우에 다섯 척씩 작은 배들이 줄을 매고 끌어 주었다.

 바닷가에 큰 집들이 있어 우리나라 종로 같았는데, 날이 저물어 잘 보이지 않았다. 구경하는 사람이 개미같이 모여들어서 하나하나 셀 수가 없었다. 사람들은 배에 오르거나 바위에 앉거나 가게에서 발을 걷어 올리고 구경하였다. 자투리땅에서도 돈을 받고 구경하게 했다. 일본 역관에게 들으니 땅 한 칸에서 우리 행렬을 구경하는 요금이 은 30냥이라고 하였다.

 강 하구에서 15리쯤 거슬러 올라갔더니 '카메이바시'라는 나무다리가 나왔다. 높이는 예닐곱 길(약 11미터)이나 되어 우리 배가 다리 한가운데 아래로 지나가고도 남았다. 바닷가에는 돌을 쌓아 지은 집들이 많았는데, 번주나 부유한 상인의 집이었다. 집 옆에는 그림 그린 배들을 세워 두었다. 다리 위에도 등불을 매달았는데, 강물이 계속 나뉘어져 열 갈래가 넘었다. 그 가운데 일곱 번째 다리가 나니와(오사카의 옛 이름) 다리인데, 여기는 물길이 갈라지지 않아서 넓은 편이다. 강이 흐르는 오사카에는 다리가 모두 수백 개나 된다고 한다.

우리 일행이 탄 배 아홉 척을 차례로 바닷가에 대었는데, 우리를 접대할 일본 요리사들이 가 버려서 굶어야 했다. 밤이 깊어지자 날씨까지 싸늘해진 데다, 이부자리마저 없으니 몸이 덜덜 떨려왔다. 군관 죽산이 "내 평생 오늘처럼 춥고 배고픈 적은 처음이다. 나도 모르게 몸이 떨려서 견딜 수가 없다."고 했다. 나도 춥고 배고팠다.

한밤중이지만 국서를 전달하러 가는 국빈이기에, 모두 관복을 입고 줄 맞추어 행진하였다. 사신들부터 제술관과 양의까지는 '노니모노'라는 가마를 탔는데, 한 사람이 겨우 비스듬히 앉을 수 있는 작은 가마였다. 앞뒤로 두 사람씩 메고 가다가, 뒤에 따라오는 사람들과 서로 교대하였다. 나는 군관 복장이어서 나머지 사람들과 함께 말을 탔는데, 금 안장에 금 채찍을 휘두르며 앞으로 나아갔다. 내 앞뒤로 열댓 명 병사가 호위하였다.

숙소인 니시혼간지 절은 매우 넓었다. 밤이 이미 깊었는데 쓰시마 번주가 이 지역 관원들을 데리고 와서 아버지에게 인사를 드리겠다고 했다. 아버지는 잠자리에 들지 못하고 관복을 가져오기를 기다렸는데, 관복을 배에 두고 와서 끝내 입지 못했다. 날이 밝아질 때까지 쓰시마 번주와 여러 사람도 물러가지 못했다. 먼저 인사부터 드려야 오사카에서의 공식 일정이 시작되기 때문이었다.

이성린, 밤에 오사카 성에 들어가다, 〈사로승구도〉 중에서
오사카를 흐르는 요도가와 강에 놓인 다리를 그렸다. 강가 거리에는 등불이 밝혀져 있다.

1748년 4월 22일

저녁에 오사카 관원에게 익힌 음식을 받았는데, 술과 음식이 매우 많았지만 입맛에 맞는 것이 없었다. 얼굴빛이 희고 잘생긴 젊은 일본인이 보이기에 마음에 들어 붓을 들고 필담하였다. 청년의 이름과 나이, 사는 곳부터 물어보았다.

"성은 미야케이고, 이름은 쇼카이며, 호는 란료인데, 우리 지방의 태수를 따라와서 모시고 있습니다."

"우리에게 날마다 주는 물건은 어떻게 마련합니까?"

"에도에서 옵니다."

"그대는 어떤 책을 읽었습니까?"

"《소학》과 사서삼경*입니다."

"일본인은 몇 살에 독서를 시작합니까?"

"대여섯 살부터 읽기 시작합니다."

"먼저 어떤 책을 읽습니까?"

---

*사서삼경: 사서와 삼경을 아울러 이르는 말. 사서는 《논어》, 《맹자》, 《대학》, 《중용》이고 삼경은 《시경》, 《서경》, 《역경(주역)》을 말한다. 유학을 공부하는 선비들은 꼭 읽어야 했던 교과서 같은 책이다.

"《소학》을 먼저 읽습니다."

"다음에는 어떤 책을 읽습니까?"

"《대학》,《논어》,《맹자》,《중용》을 읽고, 그다음에 삼경을 읽습니다."

"주자가 말하기를 《소학》을 읽지 않으면 사람이 될 수 없다고 하였습니다. 그래서 우리나라에서는 여덟 살이 되면 모두《소학》에 입문하여 어른 모시는 예절을 배우고 행합니다. 귀국에서도 먼저 《소학》을 가르친다니 매우 기쁩니다. 하지만 《소학》의 가르침을 실제로 행하여 이루지 않으면 그저 읽기만 하는 것입니다."

청년은 고개를 숙이고 묵묵히 대답하기 어려운 기색이더니 한참 있다가 말하였다.

"일본에서도 집집마다 읽고 외웁니다."

"집집마다 읽고 외운다니 《소학》이 중요하다는 사실은 안다고 할 수 있지만, 읽기만 하고 행하지 않는다면 '책은 책대로, 나는 나대로'이니, 어떻게 성현의 가르침을 제대로 안다 할 수 있겠습니까?"

청년의 대답을 듣고 싶었는데,

"이제 막 공무가 있어 물러기겠습니다"

하고 일어나 갔다. 내 말에 대답하기 어려워서 그런 것처럼 보였다. 일본인은 바지도 입지 않고 나돌아 다니는 오랑캐이니, 어찌 《소학》을 실천한다고 할 수 있으랴.

우리 일행 숫자에 맞게 이부자리 4백 47벌을 에도에서 만들어 보냈기에, 일행에게 두루 나눠 주었다. 상관들은 비단, 명주 이부자리였고, 중·하관에게는 무명 이부자리가 주어졌다. 모기장도 나누어 주었는데, 조금 모자랐기에 두세 사람이 함께 쓰도록 했다. 이곳에는 모기와 등에가 매우 많아서 모기장이 없으면 여름을 나기가 정말로 어렵다고 한다.

어린아이 두 명이 숙소 밖에서 구경하기에 불러다 보니, 큰 아이는 열두 살이고 작은 아이는 여덟 살이었다. 얼굴빛이 희고 잘생기고 행동거지가 차분하고 세심하였다. 《소학》을 읽었다고 하면서 품에서 작은 부채를 꺼내어 내게 몇 글자를 써 달라고 한다. 써 주었더니, 손을 모아 감사하다고 했다. 글씨 좋아하는 마음이 무척 귀여워서 약과를 주어서 보냈다. 일본 아이들은 대개 깨끗하고 예뻐서 사랑스러운데, 삭발을 하게 되면 쳐다볼 수가 없다.

갑자기 숙소 밖에서 어수선하고 떠들썩한 소리가 들리더니, 어린아이들이 와서 아뢰었다.

"중관청에 불이 났습니다."

여러 사람들과 함께 가서 보았다. 불 끄는 도구와 방법이 매우 신묘하여 기이한 구경거리였다.

책임자는 누런 사슴가죽으로 만든 긴 옷을 입고 머리에는 철로 만든 투구를 썼다. 투구에는 사방에 오색 사슴가죽을 드리웠다. 수백 명이나 되는 소방수들은 짐승 털이나 가죽으로 만든 옷을 입고 머리에는 검게 칠한 벙거지를 썼다. 모두 불을 끄는 복장이다.

한꺼번에 사다리를 늘어놓고 빨리 지붕으로 올라가 철 갈고리로 처마 벽을 걷어치웠다. 정원에 있는 사람들이 작은 통에 물을 담아 계속해서 던지자 지붕에 있는 사람들이 받아서 뿌렸다. 벼락처럼 손발을 맞춰 재빠르게 움직이는 모습을 보니, 나까지 숨을 쉴 수 없었다. 불이 번지는 것을 막을 수 있어 다행이었다. 불을 다 끈 뒤에 소방수들이 줄지어 서서 인원을 점검하였다.

아버지가 데리고 있던 화포군 김복이 행군 중에 사용했던 화약을 다시 덜어 내다가 양쪽 돌절구에서 갑자기 불이 치솟아 얼굴과 이마에 화상을 입었다. 상태가 너무 참혹하여, 배가 있는 곳으로 보내 치료하게 하였다.

1748년 4월 27일

저녁에 조선에서 온 연락선이 도착해서 한양 집에서 보낸 편지를 받았다. 편지를 보낸 것이 4월 20일인데 이레 만에 바다 건너 4천 리(약 1,572킬로미터) 이국에 도착하였으니 너무나 신기하다.

1748년 4월 30일

　　한양에 보낼 답장을 마무리해서 연락선 편에 부쳤다.

이제부터는 배를 타지 않고 말을 타고 간다. 아주 좋은 말이 70필, 중간 등급 말이 1백 70필, 그다음 등급 말이 1백 4필, 짐을 싣는 말이 2백 40필이었다.

상차관 및 소동은 좋은 말을 타고, 중관은 중간 말을 탔으며, 하관은 낮은 등급의 말을 탔다.

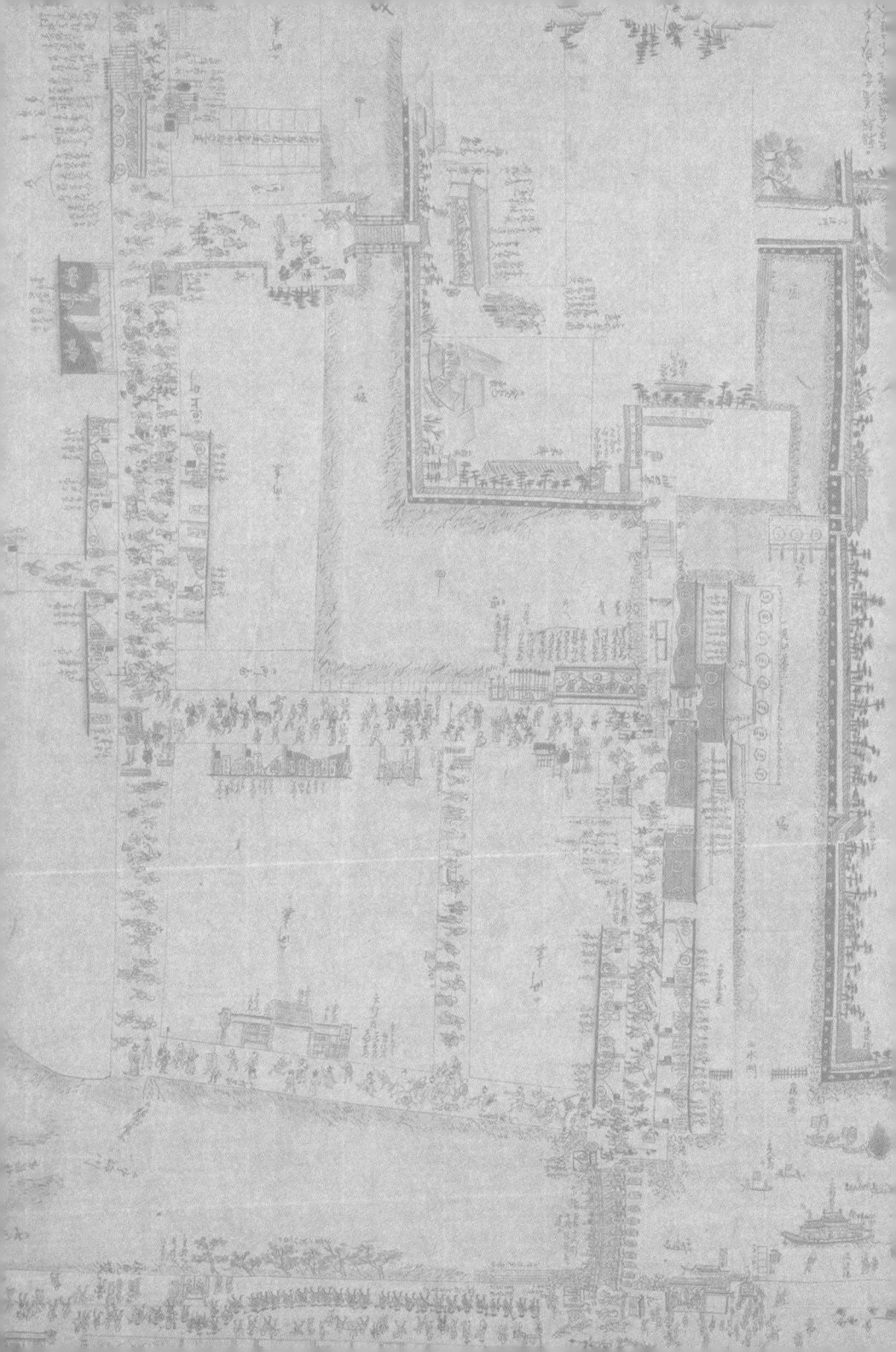

여섯째 장

천황이 사는 교토

1748년 5월 1일

날이 밝기도 전에 국서를 받들고 길을 나섰다. 구경하는 사람이 오사카에 도착할 때보다 더 많았다. 여인들은 얇은 비단으로 머리를 가리거나 싸매었다. 줄지어 나란히 앉아 있는데 시끄러운 소리가 들리지 않아 고요하였다. 어린아이가 울기라도 하면 손으로 입을 막아 아무 소리도 내지 못하게 했다. 이들의 풍속이 얼마나 삼엄한 줄 알 수 있었다.

가게에는 모두 나무 간판이 걸려 있었다. 약방에는 십전대보탕, 보중익기탕, 또는 서너 가지 약 이름이 줄지어 쓰여 있었다.

1748년 5월 2일

교토 성은 강가에 위치해서 물을 끌어다 만든 해자가 있었다. 누각과 망대가 곳곳에 솟아 있었고 하얀 벽이 햇빛에 빛났다. 웅장한 고을이었다.

성 밖에 있는 강 가운데 두 곳에 수차가 있었는데, 하나는 크고 하나는 작았다. 모양이 마치 누에고치에서 실을 뽑는 물레 같았다. 바퀴살이 수십 개 있고, 앞뒤 바퀴살 사이에 꽤나 많은 작은 나무쪽을 촘촘히 짜 넣어, 마치 나뭇가지를 엮어 만든 사립문에 물이 부딪히는 듯했다.

두 개의 바퀴살 사이에 작은 통 하나를 매달아서 바퀴살이 돌아갈 때마다 물을 퍼 올렸다. 수차 위에는 따로 시렁을 설치하고 물 받는 통을 준비하여 걸어 두었다. 바퀴살에 달린 통이 위쪽에 이르면 뒤집어져 물이 쏟아졌다. 물레방아가 한 번 돌면 물통 10여 개가 모두 한 차례 물을 쏟아부었다.

숙소는 해자의 물가에 있었는데, 하얀 성첩이 자못 상쾌하게 느껴졌다. 방 안에 놓인 꽃병에 국화와 난초가 꽂혀 있었다. 우리나라에서는 봄에 피는 난초와 가을에 피는 국화꽃이 뜨거운

여름에 함께 피어 있으니 매우 이상했다.

점심을 먹은 후에 쓰시마 번주가 먼저 출발하였다. 사행이 세 번 나팔을 불자, 전례에 따라 출발했다. 우리 일행은 모두 홍단령을 입었다. 교토를 지나가야 하기 때문이었다.

동쪽으로 10리(약 4킬로미터)쯤 가자 예전에 도요토미 히데요시의 근거지였던 후시미 성이 보였다.

전례에 따라 잠시 짓소지라는 절에 들렀다. 왼쪽에 5층 불탑이 있는데, 이름이 '도지'라고 했다. 교토에는 크고 작은 절이 3백 개나 되니, 도시 전체가 하나의 커다란 절이라고도 할 수 있다.

성 안으로 들어가니 마을에 집이 즐비하고, 가게들이 넓고 탁 트였다. 동네는 가지런히 정리되어 있었고 도로는 곧고 평평하여 볼거리가 많았다. 오사카와 비교하면 다섯 배는 되겠다. 하지만 시장 사람의 흥정하는 소리나 상인들이 몰려드는 모습은 오사카에 미치지 못하였다.

마을 문 수십 개를 지나서 숙소인 혼코쿠지 절에 이르렀다. 오층 누각이 있고 건물이 수천 채나 되니, 도지와 같았다.

에도 막부가 동쪽에 있어 동경(東京, 도쿄)이라 불리므로, 교토는 서경西京이라고도 한다. 간무천황 때 나라에서 교토로 도읍을 옮기고 천여 년이 지났다. 사오백 년 전부터 권력이 쇼군에게 돌아가서, 천황은 빈자리에 앉아 있을 뿐이다. 속담에 아무 일도 하지 않는 것을 '왜황倭皇'이라고 하는 것도 이 때문이다.

다만 나라의 연호를 정하고, 역서를 만들어 나눠 주거나, 벼슬을 내리거나, 직인을 내줄 때는 왜황의 옥쇄가 반드시 필요하다. 벼슬을 받는 사람은 우리나라처럼 천황에게 절을 하지는 않고, 그 대신 재물을 바친다. 또한 천황은 교토 일대의 땅을 영지로 삼아 그곳에서 나온 세금을 받아 산다고 한다. 자녀 가운데 가장 나이가 많은 사람이 천황의 지위를 이어받기 때문에 여자 황제도 많다. 다른 자녀들은 스님이 된다. 지존의 자리는 누구와도 나란히 할 수 없기 때문이다.

예전에 듣자니, 우리나라의 사행이 지나갈 때 왜황이 반드시 구경한다고 하는데 지금도 그런지는 모르겠다.

＊역서曆書: 오늘날 달력같이 1년 동안의 월일, 절기 등을 순서에 따라 적은 책.

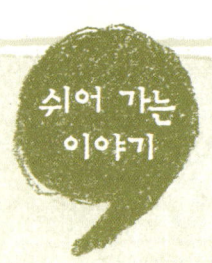

교토에 있는 귀무덤

홍경해의 기록에는 없지만, 교토에는 조선인의 한이 서린 귀무덤이라 불리는 곳이 있어. 어떤 곳인데, 이름이 그러느냐고?

임진왜란 때 일본군은 자신의 공적을 평가받기 위해 조선인 병사를 죽이고 코를 베어 갔어. 베어 온 코의 숫자를 헤아려 상을 내렸던 거지. 그때 베어 온 코를 묻은 곳이 바로 귀무덤이란다.

코를 묻었는데 왜 귀무덤이라 부르느냐고? 코무덤이란 말이 너무 잔인해서 귀무덤으로 바꿔 불렀다는 이야기도 있고, 귀도 같이 베어와 묻었기 때문에 귀무덤이라 불린다는 이야기도 전해져.

1625년에 이곳을 방문한 강홍중은 "진주성이 함락된 뒤에 조선인의 귀와 코를 베어 와 묻었다"는 말을 듣고 원통하고 분한 마음을 참을 수 없었다고 기록했어.

귀무덤 근처에는 도요토미 히데요시가 지은 '다이부쓰지'라는 절이 있어. 1719년 통신사가 방문했을 때 일본 측은 이 절에서 잔치를 열고 통신사 일행을 초대했어. 통신사는 "원수가 세운 절이므로 참석할 수 없다."고 거절했지.

그러자 일본 관리가 조선통신사를 속이기 위해 위조한 책을 가지고 와서 보여 주며 도요토미 히데요시가 세운 절이 아니라고 둘러댔어.

결국 정사와 부사, 제술관이 그 말을 믿고 절에서 열린 잔치에 참석했는데, 조선에 돌아와 비난을 받았지. 그 뒤로 조선통신사는 이 절에 들르지 않았어.

일곱째 장

아름다운 비와 호수, 그리고 후지 산

1748년 5월 3일

교토에서 떠나는 날에는 구경하는 사람이 교토에 도착할 때보다 더욱 많아졌다. 벌 떼같이 모인 사람들의 얼굴이 장막을 만들며 길게 이어졌다. 길가 가게에는 종이와 붓을 가지고 우리 행렬을 기록하는 사람도 있고, 《조선통신사 행렬도》 책을 펼쳐 보며 우리 행렬과 비교해 보는 구경꾼도 있었다. 오사카에 있을 때 행렬의 차례를 쓰시마 사람에게 그려 주었는데, 그것이 벌써 책으로 만들어져 서점에서 팔고 있는 것이다.

우리가 가는 길은 조선통신사에게 특별히 허락된 길이어서, '조선인가도 朝鮮人街道'라는 팻말이 세워져 있었고, 길 양편으로 작은 축대가 있었으며, 잔디도 덮여 있었다. 우리나라 거리로 10리마다 홰나무와 느릅나무를 심은 언덕이 있었는데, 이총을 세어 보면 하루에 몇십 리를 가는지 알 수 있었다. 마을 앞에는 우리나라처럼 장승이 아니라 나무아미타불을 새긴 비석이나 신사가 세워져 있었다.

✻ 이총: 이정표. 에도 시대 전국 큰길에 10리(약 4킬로미터)마다 흙을 쌓아올리고 팽나무나 소나무 따위를 심어서 이정표로 삼았다.
✻ 신사 神社: 일본에서 조상이나 고유 신을 모신 곳.

1748년 5월 4일

오후에 떠나 삼사 리쯤 가노라니 길 왼편에 호수가 드넓게 보였다. 물어보지 않아도 '비와 호'라는 것을 알 수 있었다. 동서 70리(약 28킬로미터), 남북 3백 리(약 118킬로미터)에 이르는 큰 호수로, '비와'라는 이름은 현악기인 비파를 뜻하는데, 호수 모양이 비파 같아서 그렇게 이름 붙여진 것이다. 천여 년 전에 이 지역 땅이 푹 꺼져서 비와 호가 되었고, 스루가 주(지금의 시즈오카)의 산이 솟아올라서 후지 산이 되었다고 하는데, 황당한 이야기다.

호수 연안의 봉우리는 높지도 않고 험하지도 않았다. 소나무와 귤나무가 구름 속에 피어오르는 듯 그림 같았고, 물결이 맑고 푸르러서 굽어보면 물고기를 볼 수 있을 정도. 바다같이 넓으면서도 거울같이 맑고 푸르른 산과 푸른 벼랑에 갈매기와 해오라기가 날아다녀서 마치 신선이 사는 곳 같았다. 너무 아름다워 가마에서 내려 걷고 싶었지만, 갈 길이 바빠 그럴 수 없었다.

닛타 마을 주변에 이르러 쓰시마 사람이 쉬어 가자고 했다. 우리 일행이 쉬어 가라고 다옥을 새로 지어 놓았는데, 태수가 심부름꾼을 보내 술과 과자, 떡, 차를 바쳤다. 가마꾼들에게도 나눠 주었다.

길 양쪽에 큰 소나무가 끊이지 않고 이어져 있다. 덕분에 날씨는 더웠지만 그늘 사이로 맑은 바람이 불어와 타는 듯한 여행길의 피곤을 씻어 주었다. 이 소나무들은 통신사 행렬을 위해서 심은 것이었기 때문에, 가장 작은 나무는 기해년(1719년)에 심은 나무이고, 조금 작은 나무는 신묘년(1711년)에 심은 나무였다. 임술년(1682년)과 을미년(1655년)에 심은 나무도 구별할 수 있었다. 올해 새로 심은 나무도 있었다.

구소무라에 이르러 날이 저물어서 등불을 밝혔다. 숲 사이에 셀 수도 없을 만큼의 반딧불이가 보였는데, 둥글게 덩어리졌다가 줄지어 늘어섰다. 그 빛이 횃불 같았다. 마부가 쫓아가 대여섯 마리를 잡아 와서 보여 주었다. 들자니 이곳의 반딧불이가 나라 안에서 유명하다고 한다. 등불 아래서 15리(약 6킬로미터)쯤 갔다.

육지에 올라온 후 길을 따라 번주의 관소*를 지나는데 쓰시마

*관소: 외국 사신이나 다른 곳에서 온 관리를 대접히고 묵게 하던 숙소.

이성린, **비와 호수 세타 교**, 〈사로승구도〉 중에서

사람들이 갑자기 통신사 일행을 꾸짖었다. 관소 앞에서는 말에서 내려야 하는데 그러지 않아서 사신이 나라를 욕보였다는 것이다. 이 문제로 여러 차례 의견이 오고 갔다. 번주가 사람을 보내 죄를 지은 일본인 길잡이 두 사람을 중형에 처하겠다고 말했다. 어떤 벌을 받게 되는지 물었더니, 관직을 박탈하고 내쫓는 '소방'이란다. 죽음을 겨우 면한 벌이라고 했다.

일본에는 본래 태형에 처하는 법이 없어서 중죄인은 참형에 처하고, 조금 중한 자는 '소방'하여 다시는 임용하지 않으며, 아들 손자까지도 관인이 될 수 없다고 한다. 과연 그 말대로 하는지는 모르겠다.

우리 행렬의 차례를 오사카에서 정리해 쓰시마 사람에게 주었더니, 일본 역관이 말했다.

"행차의 규모가 가지런히 정돈되고 엄격하여, 이전의 행렬과 비교할 바 아닙니다."

나팔을 불면 행렬 선두가 출발하고, 정사와 부사, 종사관이 가마에 탈 때는 포를 쏘았다. 가마꾼 좌우로 아홉 명이 따랐는데, 한 명은 큰 우산을 들고, 한 명은 작은 우산을 들었다. 다른 한 명은 비옷을 가득 채운 상자를 짊어지고 있었으며, 한 명은 자기들의 비옷을 메고 있었다. 한 명은 표주박을 가지고 있고, 한 명은 등롱을 들고 있으며, 두 명은 말고삐를 잡고 있었다.

말들은 모두 말갈기를 잘랐다. 내가 웃으면서 말했다.

"일본인은 자기 머리카락도 자르고 말갈기도 잘랐으니, 만약에 말이 안다면 틀림없이 오랑캐의 나라에 태어난 것을 후회할 것이오."

말발굽은 쇠로 만들지 않고 짚신을 신겨, 10여 리에 한 번은 바꿔야 해서 빨리 가는 데 방해가 되었다.

일본인들은 대개 말을 다루는 법을 몰라서, 말이 혹시나 놀라 달아니면 그저 휘둥그레 쳐다보면서 도망쳤다. 비록 준마라고 하더라도 잘 달리지 못해서 우리나라 짐말과 다름이 없었다. 저들이 우리나라의 마상재를 보고 천하의 묘기라고 하는 것은 이 때문이다.

행렬의 앞사람들이 숙소에 도착해서 줄지어 기다리다가, 국서가 도착하자 공손하게 맞이했다. 아버지가 가마에서 내리자, 포를 쏘며 환영하였다. 아버지가 방에 들어가자, 비로소 음악 연주가 그쳤다.

1748년 5월 6일

길을 가다 보니 울창한 숲이나 맑은 계곡에 조금이라도 정결한 곳이면 돌문을 세우고 '팔번궁대명신八幡宮大明神', '용왕궁龍王宮', '천신사天神祠' 같은 편액을 걸었다. 푸른 소나무나 긴 대나무가 있는 곳에서 승려들이 바리때를 두드리는 소리가 쟁쟁하게 들려왔다. '나무아미타불'이라는 여섯 자가 분명히 우리나라 말이었기 때문에 이상해서 물었더니, 일본의 불교는 신라에서 들어왔기 때문에 신라말에서 유래된 거라고 한다.

일본인 남녀들은 승려와 속인을 막론하고 남자가 여자 앞에서 오줌을 누어도 여자들이 돌아서거나 피하지 않았다. 모래를 움켜쥐고 얼굴에 뿌리거나 손으로 어깨를 치면서 장난치며 논다. 역시 오랑캐 풍속이었다.

어린아이들은 영리하고, 눈썰미가 밝고 용모도 단정했다. 사미승 가운데 눈같이 피부가 흰 아이들이 많았다. 일본에서는 직업을 모두 대대로 물려받는다. 승려는 인재를 뽑아서 쓰기 때문에 백성 가운데 재주가 있고 잘생긴 사람은 거의 승려가 된다고 한다.

1748년 5월 7일

10리를 갔더니 사도가와* 강이었다. 강의 넓이는 1백 보나 되었다. 배 1백여 척이 가로로 늘어져 있었다. 배 위에는 널빤지를 깔았는데, 널빤지를 다루는 솜씨가 매우 깔끔했다. 평평하고 곧은 것이 마치 숫돌 같았다.

양쪽 강가에는 아름드리 기둥이 10여 개가 세워져 있었다. 밧줄은 쇠밧줄과 짚으로 만들었는데 굵기가 넓적다리만 했다. 또한 강가 언덕에 도르래를 설치해 물이 불어난 곳을 만나게 되면 마음대로 높이거나 낮출 수 있었다.

스노마타가와(墨股村: 조명채의 일기에는 묵촌墨村)에 이르러 오와리* 관리가 음식을 담은 함을 바치며 다옥에서 쉬자고 하였다. 잠시 쉬었다가 바로 출발했다.

* 사도가와: 현재 기후 현과 미에 현을 흐르는 강으로 통신사가 지나는 길에 있었다. 에도 막부 시대 큰 강에는 다리가 없는 경우가 많았기 때문에 통신사가 지날 때 큰 강에 임시로 배를 이어서 다리를 만들었다.
* 오와리: 현재 아이치 현 서부 지역. 임진왜란을 일으킨 도요토미 히데요시가 태어난 고장이기도 하다.

스노마타가와 배다리를 지났다. 다리의 넓이가 사도가와보다
더했다. 또 기천의 배다리보다 과했다. 배가 3백 척에 이르렀고
쇠밧줄도 매우 굵었다. 그 비용이 만여 금이나 들었다고 한다.
다리 양쪽에 구경하는 배들이 거의 1백여 척이 넘었고, 모래사
장에도 가마가 많이 있었다. 비단 주렴을 드리우고 구경하는 사
람들은 모두 귀한 집의 여인이라고 한다.

요즘 지나는 곳은 평평한 들판과 너른 들이 아닌 곳이 없다.
이르는 곳마다 모두 논밭이 비옥했다. 남자는 일하고 여자는 노
니는 모습이 마치 우리나라의 육진*의 풍속 같았다. 기촌(起村)의
관사에 이르렀다. 새로 지었는데 사치스러웠다.

오와리 태수가 음식 담은 함을 바쳤다. 점심을 먹고 바로 출
발했다. 20리(약 8킬로미터)를 가서 다옥에서 조금 쉬었다. 겨우
10리를 갔는데 등불을 켜서 앞장세우고 마을을 그냥 지나쳐 나
고야에 이르렀다. 마을 가운데 등불이 매우 많았다. 마치 동이만
한 등롱이나 팔뚝만한 등롱이 나란히 켜 있었다. 큰 등에 오와
리尾張의 첫 글자인 '미尾' 자를 크게 써서 말 머리에 죽 세워 두

*육진六鎭: 조선 시대에 지금의 함경북도 북쪽 땅을 개척하여 설치한 여섯 진을 말
한다.

었다. 시장과 저택은 크고 아름다웠다. 교토에 버금간다고 한다. 수십 리를 가서야 비로소 관소에 들어갔다. 정말로 이렇게 번성한 시골 마을은 우리나라에는 없을 것이다. 관소는 쇼코인 사원인데, 이곳도 굉장히 큰 건물이다.

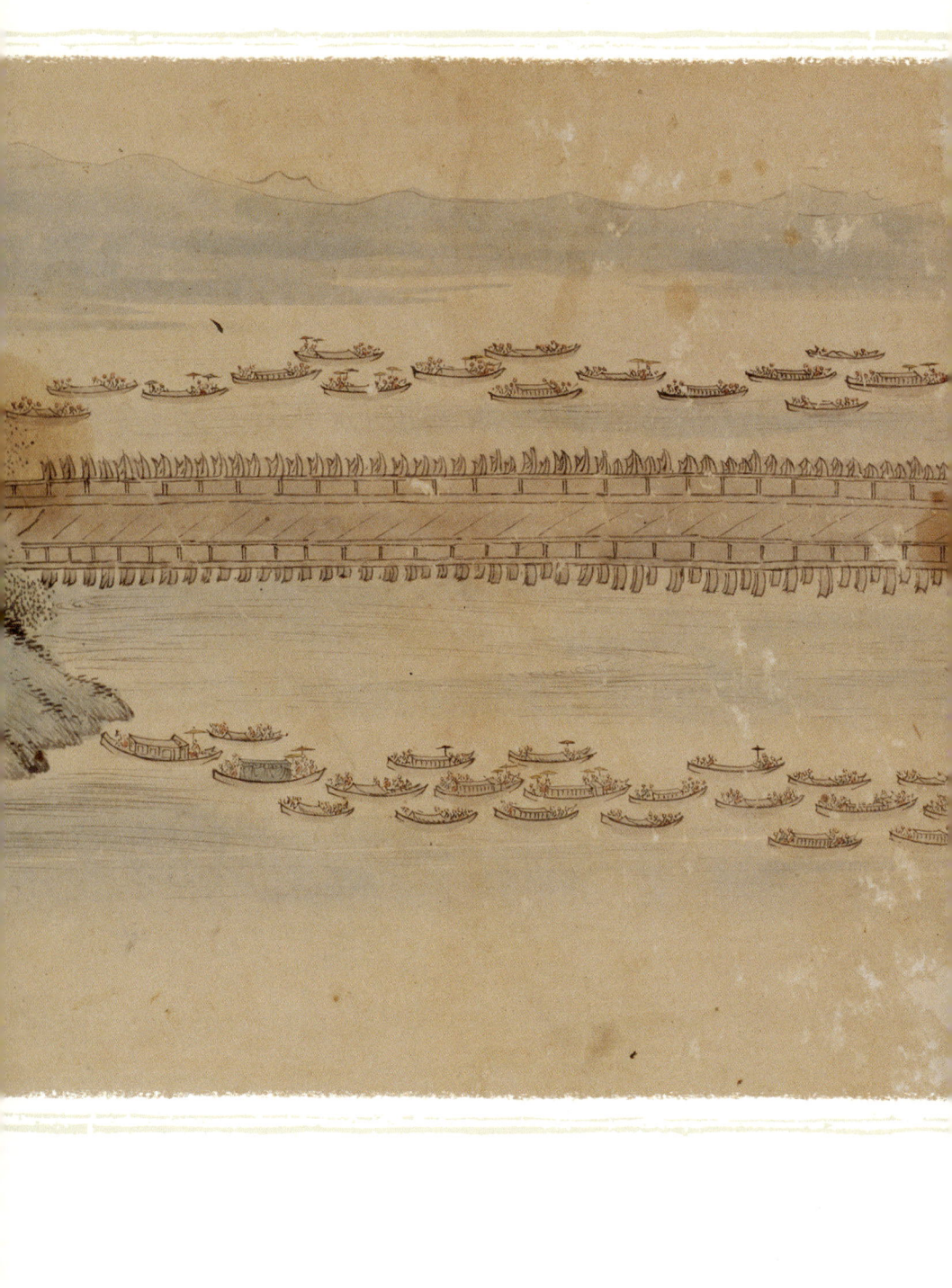

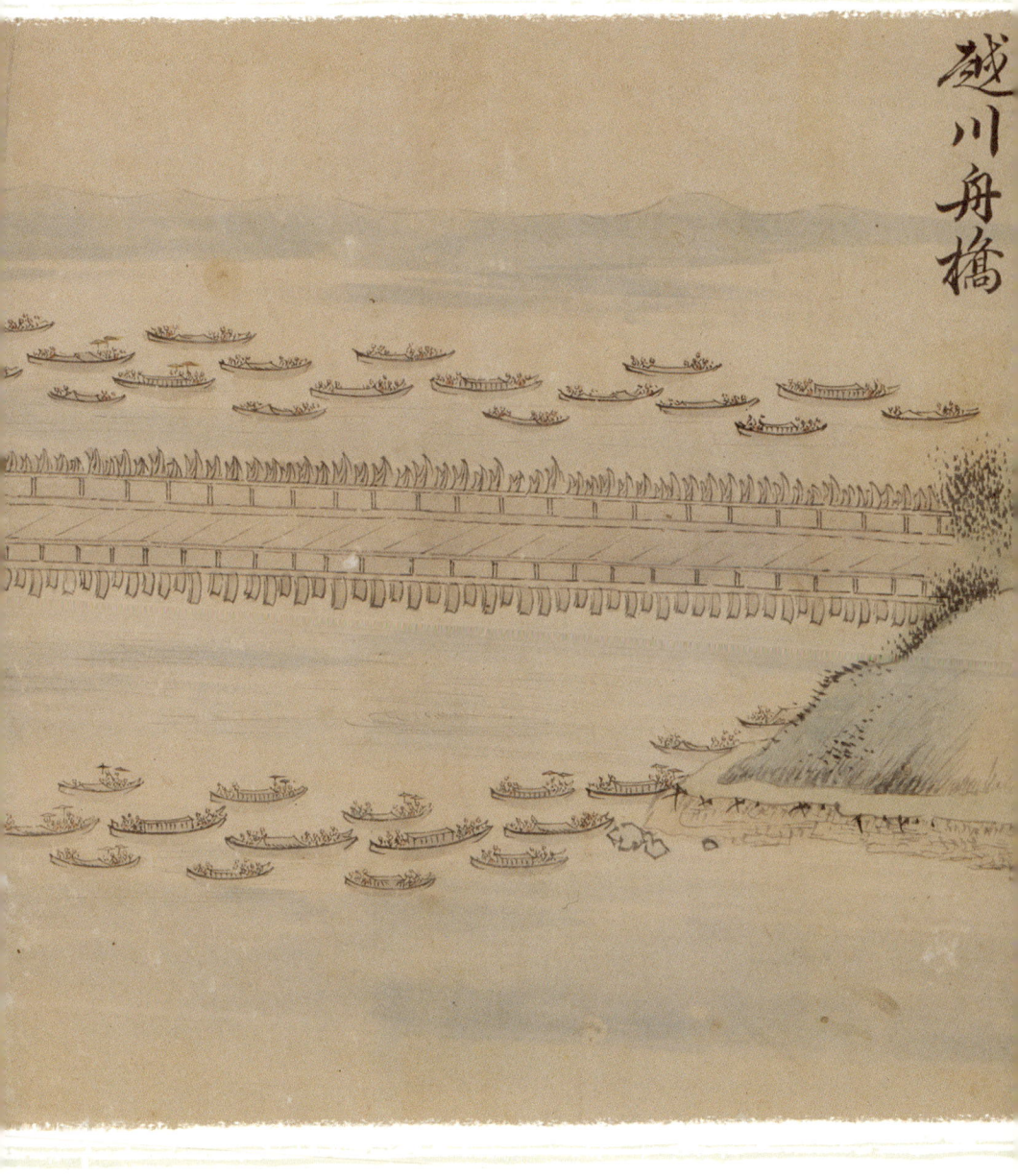

이성린, **배다리를 건너다**, 〈사로승구도〉 중에서

1748년 5월 11일

몇십 리를 가다 남쪽으로 큰 바다와 만났다. 백사장에 푸른 소나무 그림자가 서로 비추듯이 빛났다.

이전에 다녀온 사람들이 모두 이 고개에서 후지 산을 보았는데, 오늘은 구름과 아지랑이가 아른거려서 내 눈으로 볼 수 없으니 안타깝다.

태수가 보내 준 점심을 먹고 떠나 이마기레 강에 도착하였다. 1636년에 임광, 김세렴, 황호가 사신으로 왔다가 일본 사람들이 준 금덩어리를 버린 곳이다. 사건은 이랬다.

일본 사람들이 날마다 정해진 식량을 우리 사신들에게 주었는데, 우리 사신들이 먹고 남은 쌀과 반찬을 일본인들에게 돌려주었더니, 일본인들도 예의상 받을 수 없다면서 금덩어리 1백 70개로 바꿔 보냈다. 우리 사신들이 이 금덩어리를 일행들에게 나누어 줄 것인지, 쓰시마 번주를 통해 에도에 돌려보낼 것인지 의논하다가 이 강가에 이르러 강물에 던져 버렸다고 한다. 그때 강가에 살던 사람들이 조선 사신의 의롭고 청렴한 마음을 아름답게 여겨 이 강물을 금을 거절했다는 뜻으로 '금절하金絶河', 또는 금을 던졌다는 뜻으로 '투금하投金河'라고 불렀다고 한다.

저녁에 하마마쓰에 이르렀다. 숙소는 마을 집인데 정결하여 머무를 만하였다. 새로 만든 바둑판이 있었는데, 두께가 거의 1척*이나 되어서 바둑을 둘 때 딱딱 울리는 소리가 나지 않았다. 일본의 바둑판은 모두 이렇고, 크기도 크다고 한다.

일본인 역관이 갑자기 와서 우리 일행에게 아뢰었다.

"길가에 배에 칼을 맞고 죽은 사람이 있습니다."

칼에 찔렸는데 몸이 달리 상한 곳이 없고 피 한 방울 흘리지 않았으니, 얼마나 칼을 잘 다루는지 알 수 있었다. 함께 가서 보자고 하기에 가기는 했는데, 일본인들은 죽은 사람을 보고도 조금도 측은해하는 마음이 없었다. 살해당한 이유를 물었더니, "돈 몇 꾸러미 때문에 서로 다투다가 이렇게 되었습니다."라고 하였다.

＊척: 길이의 단위. 1척은 약 30.3센티미터이다.

이성린, **이마기레 강**, 〈사로승구도〉 중에서
큰 통신사 배를 작은 일본 배가 호위하는 가운데 저 멀리 후지 산이 보인다.

1748년 5월 13일

가케가와에 머물렀다. 가나야에서 후지에다에 이르는 사이에 오이 강이 있는데, 물의 세기가 사납고 빠르다. 또한 매우 넓어 배로 건널 수가 없고, 노를 저을 수도 없다. 이전의 사행 때도 들것에 가마와 사람들을 이고 건넜다. 그래서 물이 불어 있을 때는 건널 수 없다.

8일에 큰비가 쏟아진 뒤라 강물이 허리까지 올라와서 건너갈 방법이 없다.

1748년 5월 14일

강물이 줄어들지 않아 길을 나서지 못했다. 제술관과 서기가 1719년 통신사 일행이 쓰시마 승려 성담과 더불어 시를 주고받은 《성사답향》, 《성사여향》 두 책을 보았는데 모두 시원치 않았다.

서기 이봉환이 웃으며 말했다.

"그대가 매번 우리들이 저들과 더불어 지은 것을 시원찮다고 웃었는데, 지금 이 모음을 보니 과연 어떠한가?"

"정말로 우리의 일이 아니라고 할 만합니다."

내가 이렇게 답하고 서로 더불어 한바탕 웃었다.

1748년 5월 15일

사카미네를 넘었는데 고갯길이 아주 험하였다. 이곳에 오르니 후지 산이 비로소 분명하게 그 모습을 드러냈다. 한 송이 연봉오리가 늘어져 하늘 한가운데 솟아 있는 것 같았다. 길가에 떡을 파는 곳에서 일본 안내인이 떡을 사서 주기에 사양하기는 하였지만 인정을 느낄 수 있었다. 각 고을에서 안내인에게 돈을 주어 떡과 과일을 사서 바치게 하였으며, 담배 도구도 준비했다.

가나야에서 점심을 먹고 출발하여 몇 리를 걸어가자 오이 강이 나타났다. 오이 강 주변에는 새로 만든 들것 다섯 개가 있었는데 국서를 모신 가마와 삼사가 탈 것이었다. 들것은 가마를 만드는 방법을 대략 본떠서 만들었는데, 매우 커서 가마도 들 수 있었다. 사면에 난간을 설치하여 그 위에 있는 가마가 편안하였다. 열 사람이 들것을 하나씩 짊어지고 건너게 하였는데 짐꾼만 수천 명은 되었다. 작은 들것도 수십 개가 있어 모든 사람이 차례로 타고 건넜다.

물이 가슴까지 차오르고 물살이 매우 거셌다. 상류에 죽롱竹籠과 통나무 울타리를 많이 설치하여 그나마 거센 물살을 막았다.

*죽롱: 대나무를 엮은 큰 광주리.

이성린, **오이 강을 건너다**, 〈사로승구도〉 중에서
물살이 거센 강을 건너기 위해 들것을 타거나 일본인 등에 업히기도 했다.
일본 사람들이 서로 손을 잡고 인간 둑이 되어 거센 물살을 막는 모습도 보인다.
너무 섭고 힘들어 도망가는 일본인도 있어 그림 오른쪽 아래와 같은 울타리를 만들어 가두어 두기도 했다.

1748년 5월 16일

도쿠가와 이에야스의 고향인 슨푸에서 점심을 먹었다. 숙소인 호타이지는 도쿠가와 가문의 원당˙이다. 집 구조가 탁 트였고, 정원이 광활하였다. 온갖 풀꽃이 담장 아래 피어 있었다. 작은 섬이 연못 가운데 아무렇지 않은 듯 떠 있었다. 작은 폭포와 돌다리도 매우 맑고 상쾌하였다. 기이하게 생긴 꽃과 풀에 대해 이루 다 기록할 수가 없다.

　일본인들이 사는 곳은 어디든 꽃과 풀로 정결하게 꾸며져 있다. 허름한 집에서 아침에 저녁끼니를 걱정하며 살더라도 좁은 땅에 나무를 심어 정묘한 솜씨를 부려 무엇이라도 만들어 놓는다. 타고난 본성이 그런 것 같다.

✴원당: 죽은 사람의 명복을 빌던 법당. 대개는 개인이나 집안 소유다.

1748년 5월 17일

 20리(약 8킬로미터)를 가서 세이켄지라는 절에 들렀다. 절 앞에 큰 바다가 하늘과 하나 되어 끝없이 펼쳐졌다. 절 뒤에는 우뚝 솟아오른 산봉우리가 구름 속으로 들어가 푸르렀다. 한 길로 매달린 듯한 폭포가 있었는데 높이는 대여섯 길이나 되었다.

법당 앞에는 가지가 무성한 넓적한 매화나무가 정원에 한가득 깔려 있다. 높이는 반 길에 지나지 않는데, 평상처럼 보였다. 절의 편액에 '제불택諸佛宅'이라고 쓴 것이 있는데 바로 박안기*의 필체다.

1607년 통신사 여우길, 경섬, 정호관의 시도 각각 한 절구씩 내걸려 있다. 먼저 왔던 사신들이 이 절을 강원도 낙산사와 비교하였는데, 과연 빈말이 아니다.

---

*박안기(1608~?) : 조선 중기의 천문학자로, 1643년 통신사의 일행으로 일본에 갔다. 그때 천문학자인 오카노이 겐테이에게 역법 '칠정산七政算'을 가르쳐 주었다. 후에 오카노이의 제자인 시부카와 카이가 이를 바탕으로 일본에 맞는 최초의 역법을 완성하였다. 일본에는 박안기의 유적이 많이 남아 있는데, 세이켄지에는 '경요세계瓊瑤世界'라는 현판이 걸려 있고, 친필 시와 글도 남아 있다.

오늘은 후지 산 아래를 빙 둘러 가기에, 말로만 듣던 신비스러운 산의 전체 모습을 자세히 볼 수 있었다. 산꼭대기는 흰색이었는데, 분명히 흰 눈 같았다. 하얀 돌이나 하얀 흙, 하얀 이끼 같은 하얀색은 아니었다. 앞에 다녀간 사신들이 '흰 눈의 색'이라고 단정하였는데 정말 그렇다.

하지만 산이 더운 지역에 있는데 여름에도 항상 흰 눈이 있는 것은 이해할 수가 없다. 내가 언젠가 4월 그믐 무렵에 금강산에 들어가 비로봉 높은 곳을 바라본 적이 있는데, 여전히 눈이 쌓여 있었고 깊이는 한 길이 넘을 듯했다. 그런데 모두 깊고 큰 골짜기거나 깊고 깊은 곳에만 눈이 쌓여 있었다. 그 산의 등진 곳이 남쪽을 향해 있다면 처음부터 눈이 한 조각도 남아 있지 않아야 할 것이다. 산꼭대기의 양지가 불볕이 내려쬐는 여름철에 밝게 빛나는 흰 눈이라는 것이 어찌 이치에 맞겠는가?

일본 풍속에 6월 초하루에 얼음을 삼키면 1년간 더위를 물리

＊낙산사: 세이켄지는 도쿠가와 이에야스가 젊은 시절에 공부하던 절이어서, 이곳을 통신사에게 숙소로 내어주는 것은 특별한 배려다. 이 절에 들르는 통신사 일행마다 강원도의 낙산사와 비슷하다고 칭찬하자, 절의 주지가 11차 통신사의 정사인 조엄에게 낙산사 그림을 부탁하였다. 조엄은 화원 김유성에게 낙산사와 금강산 그림을 그리게 하여, 지금도 세이켄지에 그 그림이 소장되어 있다.

치는 힘이 생긴다고 하는데, 오직 이 산에만 여름에도 얼음이 있기 때문에 천황과 쇼군에게 바친다고 한다. 얼음을 구할 수 없는 일반 백성들은 얼음 모양의 떡을 만들어 먹는다. 얼음을 캐는 사람은 반드시 열흘 동안 몸과 마음을 깨끗이 한 뒤에 캐야 아무런 재앙이 없다고 한다.

후지 산은 봉우리가 구름 위로 불쑥 솟아나서, 산꼭대기가 단지를 뒤집어 놓은 것 같다. 백련화*가 막 피어나려는 모습, 사방으로 꽃잎을 터뜨리려고 하는 모습 같다.

1706년 즈음에 하늘에서 난 불이 산을 불살라 불꽃과 연기가 하늘까지 번져서 해와 달을 10여 일이나 볼 수 없었다. 갑자기 한 봉우리가 산 옆에서 솟아올랐는데 마치 사람이 어깨를 움츠린 것 같아서 사람들이 '어깨봉'이라고 하였다. 지금의 이름은 '보영봉'이다.

역관 이석린이 1682년 사행에 따라왔을 때 옆에 산굴이 없었는데, 1711년 사행에 따라왔을 때 비로소 보았다고 한다.*

---

*백련화: 흰색의 연꽃 모양으로 만든 종이꽃. 불교나 도교의 제를 지낼 때 많이 사용된다.

*1707년에 후지산이 분화하여 지형이 달라졌기 때문이다.

이성린, 6월 17일 숙소에서 눈 덮인 후지 산을 바라보다. 〈사로승구도〉 중에서 통신사가 에도에서 돌아오는 길에 본 맑은 날의 후지 산 모습이다.

오늘은 후지 산이 구름에 덮여 있기에 내가 웃으면서 말했다.
"오랑캐 땅에 있는 신령스러운 산이 우리를 만나더니 부끄러워서 구름을 뭉게뭉게 피워 얼굴을 가렸나 봅니다."
그러자 이봉환이 말했다.
"그렇지 않네. 일본인들이 말하길 후지 산은 항상 구름에 싸여 온전한 모습을 보는 것이 매우 드물다고 하네."

1748년 5월 18일

하코네에서 점심을 먹었다. 일본에서 가장 높은 고개다. 돌길이 험준하다 보니 산허리에 오르기도 전에 사람과 말이 모두 지쳐서 잠시 다옥에서 쉬었다.

산꼭대기 넓은 곳에 이르니 낮은 봉우리가 뻥 뚫린 듯 열려 사방이 신선이 사는 것 같은 공간을 이루었다. 길 동쪽 편에 나무 울타리와 관문을 설치했는데 매우 견고했다. 에도의 제1관문*은 참으로 하늘이 내린 요새였다.

하코네 호수는 둘레가 40리(약 16킬로미터)나 되는 큰 호수로, 출렁이는 푸른 파도가 바다 같았다. 누가 천 길 산봉우리 정상에서 이런 큰 호수를 볼 수 있으리라고 생각이나 했겠는가? 호수 옆에 우리 숙소가 있어 즐거웠다.

* 에도의 제1관문: 하코네 관문. 서일본의 여러 번에서 에도로 들어가는 관문이다. 쇼군은 번주들의 반란을 막기 위해서 대포나 소총을 에도로 들이지 못하게 하고, 에도에 인질로 잡혀 있던 번주의 가족들은 지방으로 나가지 못하게 감시했다.
홍경해가 지날 때도 이곳의 관원이 조선 역관을 통해 "이 문은 말을 타고 지나가지 못하니, 모두 가마와 말에서 내리라"고 하자, 종사관 조명채가 "사신들이 말에서 내려야 하는 근거를 대라"고 항의하였다. 결국 일부만 내려서 조사를 받고, 정사와 부사, 종사관 등은 가마와 말을 탄 채로 통과했다.

아름다운 미와 호수, 그리고 후지 산

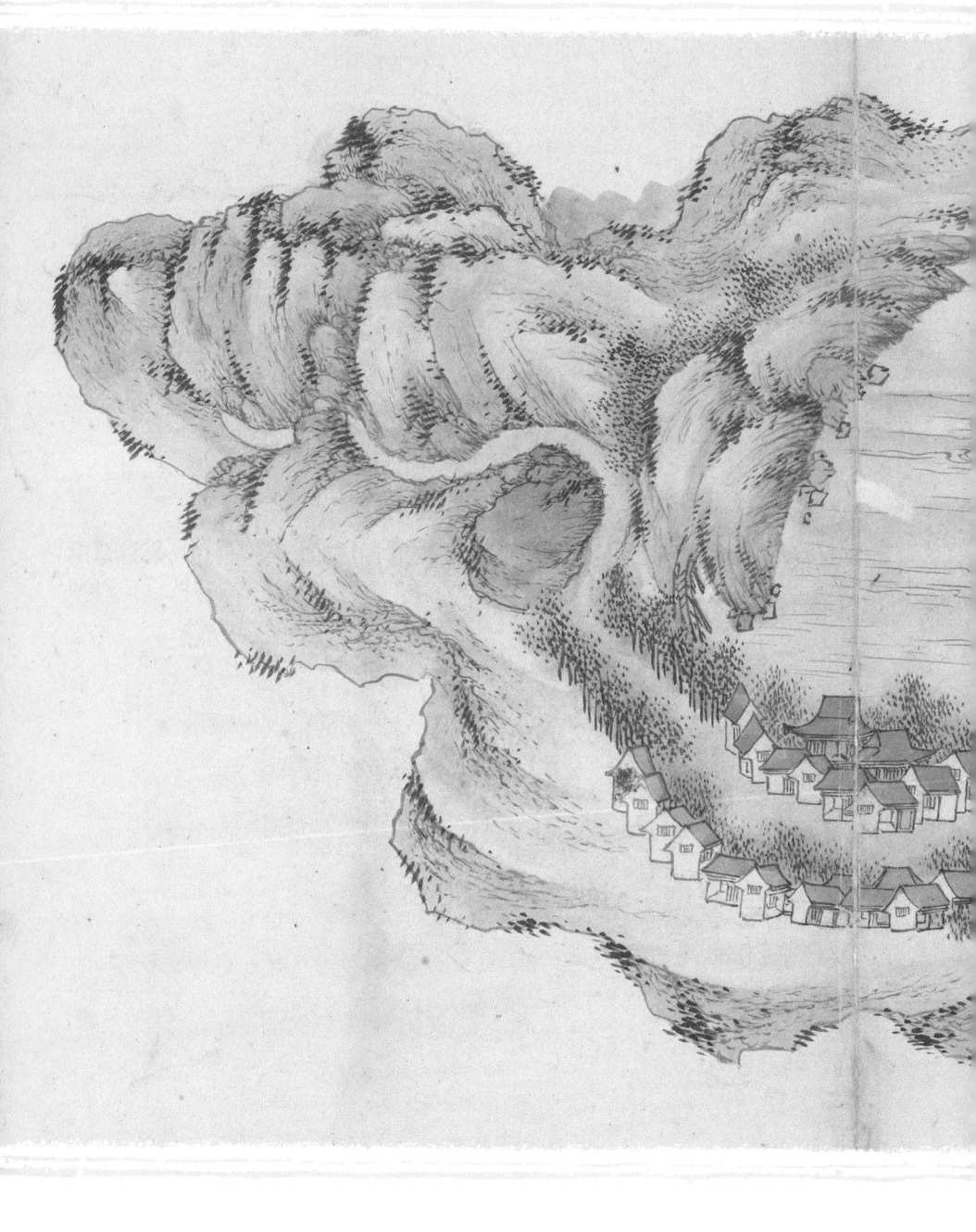

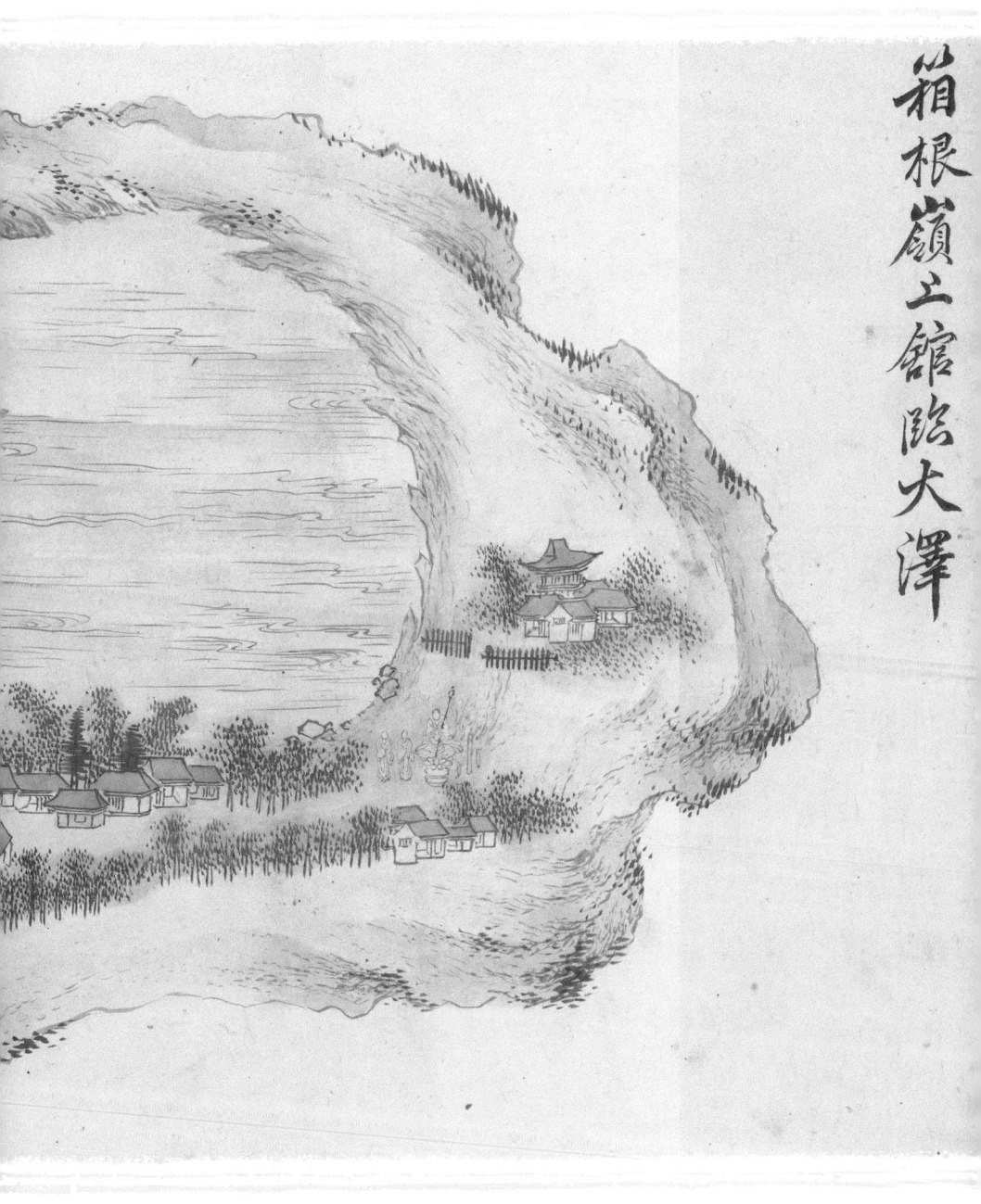

이성린, 하코네 호수, 〈사로승구도〉 중에서
하코네 숙소에서 큰 호수를 바라보다.

서기 유후가 말하였다.

"세상에 어찌 이런 큰 못이 있단 말인가? 틀림없이 바닷물이 흘러 들어온 것이리라."

내가 웃으면서 말하였다.

"세상에 어찌 40리를 거슬러 올라와 산봉우리 꼭대기에 바닷물이 있을 수 있겠습니까?"

유 서기도 또한 크게 웃었다.

이전 통신사 기록에 머리가 아홉 개 달린 용이 호수 속에 살아서 배가 들어가면 갑자기 물에 잠긴다고 했는데, 지금 고깃배 몇 척이 호숫가에 닻줄을 매고 있으니 잘못된 전설이라는 것을 알 수 있었다. 후지 산이 가까이 있어 호수에 비친다고 하는데, 지금은 어둠침침해서 볼 수 없는 것이 한스럽다.

점심을 먹고 나서 출발했다. 길이 정상에 비해 세 배 이상 가파르고 험했다. 지금까지 지나온 곳 가운데 가장 험준했다. 말을 내려서 걸었더니 어떤 사람이 말하였다.

"일본인들의 말인데, 혹시 죽는다 해도 무엇이 아깝겠는가? 힘들게 걸을 필요가 없다."

나는 이리 답하였다.

"말이 만약 자빠지면 어찌 말만 다치겠는가?"

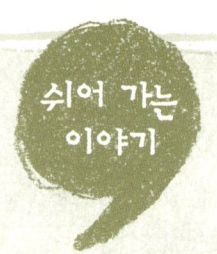
쉬어 가는 이야기

통신사는 한류 스타

통신사가 가는 곳마다 일본인들이 찾아와 구경하고 글이나 그림을 받아 갔어. 왜 그랬을까?

그 당시 조선은 유교를 바탕으로 한 나라로 과거 시험을 보아 관리를 뽑았던 반면, 일본은 무사가 지배하고 쇼군이 다스리는 나라였어. 조선 선비들은 유학 교육을 받고 시를 지을 줄 알았지. 과거 시험에 붙으려면 한시를 잘 지어야 했기 때문이야. 그러다 보니 음악이나 미술도 유학을 바탕으로 하고 있어서, 일본인들에게는 조선 문화가 남다르고 신선하게 보였을 거야.

한시는 두 사람 이상이 마주앉아 서로 지은 시를 주고받으며 한자리에서 수십 편을 짓기도 했는데, 운을 맞추는 것이 힘들었어. 따라서 대부분의 일본 문인들은 집에서 미리 시를 지어 가지고 와서 조선 시인에게 화답해 달라고 요청했지.

반면에 조선 시인들은 과거 시험에 합격하기 위해서 10년에서

20년씩 한시 공부를 했기에 운율에 맞는 글자들을 머릿속으로 외우고 있었어. 그래서 책을 보지 않고도 앉은 자리에서 수십 수씩 시를 지을 수 있었지. 그것이 일본인들의 눈에는 신기하게 보였던 거야.

한시를 지어 달라고 요청한 일본인들이 모두 시를 지을 줄 알았던 것은 아니었어. 자신은 한자도 모르지만, 외국인이 써 준 글씨가 신기해서 부적처럼 생각하고 얻어 간 사람도 많았다고 해.

에도 막부는 쇄국 정책을 시행했으므로, 일본인들은 평소에 외국인을 볼 수 없었어. 그런데 쇼군이 즉위할 때마다 조선에서 5백 명 정도의 통신사가 쓰시마에서 오사카까지 가고, 수군을 제외한 나머지 3백 50명이 에도까지 행진했으니, 일본인 수행원들까지 모두 2천여 명이나 되는 사람들이 앞뒤에 서서 행진하는 모습은 좀처럼 보기 힘든 구경거리였지.

수십 명이나 되는 조선 군악대가 행진하면서 낯선 음악을 연주하는 모습도 볼거리였기에, 대도시에서는 길가에 몇 시간 전부터 서서 기다렸으며, 행렬이 잘 보이는 식당에는 비싼 돈을 주고 앉아서 구경하는 사람도 많았어.

행렬이 지나가는 지역은 시모노세키에서 에도까지 이르는 '조선인가도'였으므로, 동쪽 지방 사람들은 구경할 수가 없었어. 대신 통신사가 오기 1년 전부터 《조선통신사 행렬도》가 책으로 출판되어 팔렸지. 지난번 통신사 행렬도를 보고 이번 행렬의 모습을 짐작해 그린 거였어. 정사나 부사의 이름은 새로 오는 통신사의 이름으로 바꿔 출판했는데, 몇 달 사이에 사람이 바뀌어서 잘못 기록된 경우도 있었지.

조선에서는 악공이나 화공, 즉 '쟁이'라고 천대받던 예술인들이 일본에서는 예술가로 환영받았어. 그림 값이 은화 다섯 냥이나 되어서 큰돈을 벌었지.

김명국 같은 화가는 워낙 인기가 있어서, 에도 막부에서 한 차례 더 초청할 정도였어. 김명국은 그림을 받으러 온 사람들이 문 밖에 줄지어 섰기에 너무 힘들어 울상이 될 정도였대.

통신사 화원들의 그림은 지금 한국보다 일본에 더 많이 남아 있어, 한일 두 나라 문화 교류의 산 증거라고 할 수 있지.

홍경해와 함께 일본에 갔던 화원 이성린은 한양에서 에도까지 오가는 길에 아름다운 경치를 서른 장의 그림으로 그렸어. 그 가운데 가장 인상적인 장면이 바로 오이 강을 건널 때 일본인들이 죽 늘어선 채로 서로 팔을 맞잡아 거센 물살을 막으며 인간 둑을 쌓아 통신사 일행을 건너게 해 주는 모습을 그린 그림(이 책 138~139쪽)이지.

통신사 행렬 중 가장 인기 있었던 건 마상재였어. 마상재는 조선에서도 인기가 높았지만, 특히 일본 사람들에게 큰 사랑을 받았어. 일본 사람들은 말을 잘 나부지 못했기 때문에 말 위에서 재주를 선보이는 마상재 공연에 열광할 수밖에 없었지. 요즘 한국의 아이돌들이 해외 공연을 하러 가면 엄청난 인파가 몰리잖아? 그것과 다르지 않아.

대단한 인기를 누린 공연인 만큼 누구나 쉽게 볼 수 있는 건 아니었어. 번주나 쇼군처럼 아주 지위 높은 사람들이 관람하기 위해 열리는 경우가 많았다고 해.

여덟째 장

에도 성에 들어가 국서를 전달하다

1748년 5월 20일

육지에 오른 뒤부터는 일본어를 하지 않고는 마부조차 부릴 수가 없었다. 그래서 아주 쉬운 말 정도는 배웠다. 비록 서너 마디에 불과하지만 안내인을 부리는 데는 충분하였다.

빨리 가라고 할 때는 "하요하요", 천천히 가라고 할 때는 "소로소로", 말을 세울 때는 "마떼마떼", 말에 오를 때는 "노로로"라고 하는 식이었다.

일본말은 매우 빠르고, 우리말은 매우 느리다. 길가에서 행렬을 구경하는 일본 사람들이 우리말을 듣는다면 박장대소하지 않을 수 없을 것이다.

숙소마다 글씨를 얻으려는 사람으로 가득 찼다. 글씨를 얻게 되면 손바닥을 모아 감사하다고 인사하며 갔다.

내가 글자를 아는 일본인에게 물었다.

"우리나라의 기예 가운데 어느 것이 가장 훌륭하다고 생각합니까?"

"글씨입니다. 그다음은 마상재입니다."

그렇게 대답하기에 한바탕 웃었다.

어떤 참에 도착하니 어떤 여인이 양의의 손을 잡고는 매우 간절하게 글씨를 써 달라고 하기에 양의가 겨우 소매를 뿌리치고 멀리 달아났다고 하니 우습다.

1748년 5월 21일

일찍 밥을 먹은 후에 출발하였다. 삼사와 수행원은 홍단령을 입고, 국서를 모시는 사람만 흑단령을 입었다. 서기와 의원은 유의관을 갖추었다. 나는 뒤에서 모시며, 남아 있는 일행을 따라 순서대로 갔다. 쓰시마 번주는 '청도淸道*'라고 쓰인 깃발 앞에 있었다.

시나가와에서 오른쪽 바다와 왼쪽 숲을 끼고 10리(약 4킬로미터)쯤 가노라니 에도가 나타났다. 저잣거리는 번성하고 궁실은 크고 아름다워, 오사카나 교토와는 비교할 수가 없었다. 니혼바시에 이르러 쇼군의 성을 바라보니 망루가 우뚝 솟아 있으며 참호가 크고 견고하였다. 남쪽으로는 바다와 통해 있어 배 수백 척이 다리 아래에 비늘처럼 이어졌고, 거리는 곧고 평평했다. 시장의 가게들은 모두 층층 누각에 온갖 물자들이 가득 차 있었다.

구경하는 남녀가 거리를 메워 차고 넘쳤는데, 길가에 대나무 난간으로 경계를 만들어 어린아이도 감히 한 걸음을 나오지 않

* 청도: 조선통신사 일행의 앞길을 깨끗이 정돈하라는 뜻이다.

았다. 줄지어 무릎 꿇고 앉아 있는데 고요하여 아무 소리도 들리지 않았다. 혹시 일어서서 얘기를 나누는 사람이 있으면 창을 지닌 금도가 눈을 부라리며 꾸짖었다.

다리 10여 개를 건너고 마을 1백여 곳을 지났다. 성에 중문을 설치하고, 문루* 사면에 흰 흙을 칠했다. 문 밖에 있는 해자는 항구와 가까워 배들이 많이 오갔다. 몇 리를 지나니 대문이 나타났는데 패에 '금룡산'이라고 쓰여 있었다. 센소지라는 절이었다.

몇 리를 더 가서 숙소에 다다랐다. 히가시혼간지인데, 짓소지라고도 부르는 절이었다. 예전부터 우리나라 통신사는 여기에 머물렀다. 법당은 크고 아름다워서 오사카의 혼간지와 다름없었다.

아버지 방의 남쪽에 별당이 있고, 동편으로 연못이 있는데 매우 그윽한 정취가 있었다. 연꽃이 연못을 가득 덮었고, 연못 안에는 기이한 돌로 쌓아올린 작은 섬이 있는데, 섬 위에 가지와 잎이 무성한 소나무 한 그루가 있었다. 무지개다리로 섬에 오갈 수 있었다.

하코네에서 동쪽을 아울러 관동이라고 하는데, 에도 시대를

*문루: 성문이나 궁문의 바깥문 위에 지은 다락집.

연 도쿠가와 이에야스도 여기에서 일어났다. 이 지역은 토지가 비옥하고 평평하여 오곡이 자라기에 적당하다. 비옥한 들이 천 리나 펼쳐져, 한눈에 보아도 넓고 멀어서 끝이 없다.

　도쿠가와 이에야스가 막부를 세운 뒤부터는 나라 안에서 전쟁이 단 한 번도 일어나지 않았다. 각 번의 번주들은 에도에 저택을 두고, 아내와 자식들을 머물러 살게 하였다. 가족이 인질로 잡혀 있으니, 반란을 일으킬 수 없었던 것이다.

이성린, **에도에 들어시디**, 〈사로승구도〉 중에서

1748년 5월 24일

옛날에 하야시 라잔이라는 유학자가 문장에도 능하고 시에도 능하여 통신사를 여러 차례 접대하였다. 하야시 라잔의 자손들은 대대로 그 가업을 이어받고 있다.

하야시 부자가 오늘 뵙기를 요청하였다. 학사 후지와라 아키토 함께 뵙기를 요청하기에 허락하였다. 아버지가 유학자 차림으로 맞이하셨고, 부사와 종사관도 함께하였다. 쓰시마 사람들이 세 명의 자리를 나란히 깔았다. 이 모습을 보고 아버지가 말하셨다.

"아버지와 아들이 어찌 나란히 앉을 수 있습니까? 맨 끝 자리에 앉아야 하되, 그렇지 않다면 차례로 만나는 게 좋겠습니다."

그러자 일본 관리가 말하였다.

"기해년(1719)에도 하야시 부자가 함께 앉아서 만났습니다. 이제 와서 바꾸기 어렵습니다. 게다가 나라에서 법으로 정하기를 벼슬의 등급이 같으면 반드시 같이 앉습니다. 일본의 예로 일본인을 접대해 주시길 천 번 만 번 바랍니다."

여러 차례 애걸하기에 하는 수 없이 그대로 두고 세 사람과 인사하고 앉게 되었다. 나이든 하야시는 자못 순박하고 예스러운 분위기가 있었고, 젊은 하야시는 얼굴빛이 희고 잘생겼는데 풍질*이 있어 이목구비가 바르지 않고 기울었다.

후지와라 아키토는 몸에 유학자의 자세가 있으니 틀림없이 책을 가까이하는 사람일 것이다. 하야시 부자가 품에서 시를 꺼내 바쳤는데 볼 만한 게 없었다. 이어 필담을 잠깐 나누었다. 후지와라 아키토는 자기가 시문을 배우지 못하였기에 단지 필담만 한다고 했다. 물어보는 내용은 모두 경서에 대한 것이었다. 인삼차를 마시고 마쳤다.

자리에서 물러나 후지와라 아키토는 제술관과 서기를 만나고 싶다고 했고, 함께한 자리에서 필담으로 많은 이야기를 주고받았다. 후지와라 아키토가 말하기를, 일본과 중국은 무역선이 오가기 때문에 진기한 책을 많이 구할 수 있다고 한다.

일본에는 서책이 많아서 서점이 없는 우리나라와는 비교가 안 된다.

---

* 풍질: 한의학 용어로, 풍병이라고도 한다. 중추 신경에 이상이 생겨 현기증, 경련 따위를 일으키는 병이다.

1748년 5월 25일

오사카에 있을 때 예단과 물건을 모두 내어 주고 쓰시마 사람들이 운반하도록 하였는데, 오늘 비로소 도착했다.

인삼을 먼저 쌌기 때문에 삼사가 홍단령을 입고 대청에 나가서 확인하였다. 한 근이 넘게 남았다. 처음에는 양이 줄어들까 걱정하였는데 도리어 남았으니 일행이 서로 치하하였다. 기해년(1719)에 통신사가 왔을 때는 인삼이 오십 근에서 네 근이 줄어들었는데, 지금은 남았으니 정말로 알 수 없는 노릇이다. 장마철이라 습기가 차서 그런 것인가?

1711년 통신사 일행과 일본 문인들이 주고받은 한시를 편집한 《계림창화집》 15책을 얻어 보았다. 모두 초서*로 써서 도저히 알아볼 수가 없으니 한탄스럽다.

안내인이 말했다.

---

*초서: 한자의 여섯 가지 서체 중 하나. 가장 흘려 쓴 서체로 알아보기 어렵다.

"이 책을 본 뒤 갑자기 문필*이 열려 시를 구하는 자가 많아도 염려할 것이 없었습니다."

그 말을 듣고 껄껄 웃음이 나왔다.

*문필: 글을 짓거나 글씨를 쓰는 일. 문필이 열린다는 말은 글과 글씨에 관심이 생긴다는 뜻이다.

1748년 5월 26일

밥을 먹은 후에 제술관과 서기의 숙소에 갔더니, 마침 어떤 일본 문인이 찾아와서 필담하였다.

"미카와 주 태수의 문학을 맡은 관원인데, 성은 조趙, 이름은 집緝입니다."

자기 이름을 써서 보여 주고는 내 이름을 물었다.

"저는 제술관이 아니고 서기도 아니니 굳이 이름을 아실 것은 없습니다."

내가 대답했다.

"족하*께서 어찌 저에게 이렇게 인자하지 않으십니까?"

결국 내 이름을 써서 보여 주었다. 서기 이봉환이 말했다.

"정사의 자제입니다."

조집이 일어나 절하며 말하였다.

"몰라보고 예의를 지키지 못하는 죄를 지었습니다."

"예의를 지키지 않은 일이 없습니다. 어찌 스스로에게 심하게

*족하: 같은 또래 사이에서 상대편을 높여 이르는 말.

구십니까?"

"족하께서 쓰고 계신 관이 매우 아름다운데 그 이름을 듣고 싶습니다."

"정자관*입니다."

"진짜 군자의 관입니다. 교토의 벼슬아치들은 일제히 중국 당나라의 제도를 따르고 있습니다. 귀국이 교토와 교류한다면 어찌 귀국의 의관을 부러워하겠습니까? 지금 제가 쓰고 있는 것이 부끄럽습니다."

"에도에서는 어째서 그렇게 하지 않습니까?"

"에도 사람은 무사를 숭상하기 때문입니다. 하지만 교토의 관원들은 항상 문학과 경전을 우러러봅니다."

"천황이 정말로 유교를 숭상하십니까?"

"큰 조회에는 삭발한 사람을 금지시켜 궁에 들어갈 수 없습니다. 교토의 문신은 문장을 외우고 익혀 귀국의 사람들과 서로 사귀고 싶어 합니다. 하지만 에도에서 금지하기에 서로 만날 수 없으니, 아쉽습니다."

"지금 황제의 이름은 무엇입니까? 몇 년에 즉위하였습니까?"

ⓒ국립민속박물관

✽ 정자관: 조선 시대 선비들이 머리에 쓰던 말총으로 만든 관. 위는 터지고 산 모양으로 두 층 또는 세 층으로 되어 있다.

"이름은 도오히토이고 나이는 13세입니다. 작년에 즉위하였는데, 특별한 사정이 있어 연호를 바꾸지 않았습니다."

"천황은 누구와 더불어 혼인합니까?"

"후비는 재상의 딸 가운데 취합니다. 공주를 시집보낼 때는 가끔 에도가 관계하기도 합니다. 마땅한 배우자가 없으면 종신토록 시집가지 않습니다."

이어 조집이 말했다.

"저는 족하를 한 번 보았을 뿐인데 정말로 많이 존경하게 되어 온 마음을 기울여 따르겠습니다. 족하께서 이런 뜻을 굽어 살펴 주시기 바랍니다. 대국의 문헌과 제도와 문물에 대해 듣게 되는 것이 소원입니다."

내가 삼가 보여 주겠다고 했다. 날이 저물자 조집은 날이 밝으면 다시 오겠다고 했다.

마침 해가 졌다. 필담한 내용을 기록한 것이 많아서 종이를 모두 챙겨 왔다. 나중에 기록해 두려고 했는데 심하게 흘려 썼으니, 안타깝다.

조집은 사람됨이 깨끗하고 너그럽고 솔직했다. 겉치레를 하지 않으며 겉과 속이 똑같았다. 우리나라의 의관과 문물을 마음으로 좋아했다.

밤에 겨우 잠이 들었는데 역관이 갑자기 큰 소리로 외쳤다.

"예단이 들어옵니다."

그 얘기를 듣고 너무 기뻐서 나도 모르게 옷을 뒤집어 입고 일어났다.

삽시간에 일행 모두가 이미 모여들었다. 모두 세 짐이었는데, 두 짐은 인삼 상자이고, 한 짐은 부사의 관복이었다. 봉한 것을 모두 열었는데 서울에서 온 편지는 끝내 없었다. 쓰시마 사람에게 물었지만 그 까닭을 알 수 없으니 괴이하고 답답하다.

5월 28일

 조집이 와서 만났다.

내가 화양건을 쓰고 있었는데, 조집이 물었다.

"족하께서 오늘 쓰고 계신 관은 이름이 어떻게 됩니까?"

"화양건입니다."

"그 만듦새가 기이한데, 혹시 화양건과 정자관의 본을 뜰 수 있도록 허락하시겠습니까?"

"써 보시겠습니까?"

이봉환이 자기 관을 벗어 조집의 머리에 씌웠더니 조집이 말했다.

"비록 잠시 써 본 것이기는 하지만, 너무 좋아서 슬픈 마음마저 듭니다."

너무나 사모하는 마음이 깊어서 자기네 풍속의 비루함을 슬퍼하기에, 도리어 안쓰러운 마음이 들었다. 조집이 말하였다.

유소심 초상, 채용신
심의를 입고, 정자관을
쓴 선비의 모습이다.

✳ 화양건: 도사나 숨어 살던 은자들이 쓰던 두건.

195

"심의*도 가지고 오셨습니까?"

"그렇습니다."

"잠시 볼 수 있겠습니까?"

내가 소동을 시켜 가져오도록 해서 입고 앉았다.

"바다 건너 천한 몸으로 중화의 성인의 의복을 볼 수 있을까 했더니, 비로소 평생의 소원을 이루었습니다."

조집이 말했다.

"교토에서 아주 오래전에는 이런 의복을 입었다고 합니다만, 제가 그 말을 믿을 수가 없습니다."

국서를 전하고 송별하는 절차를 길일로 택하여 보내왔다.

- 이번 달 30일 쓰시마 번주가 마상재를 구경한다.
- 6월 1일에 국서를 전달한다.
- 6월 3일에 쇼군이 마상재를 구경한다.
- 6월 6일에 번주의 저택에서 개인적으로 잔치를 베푼다.

*심의: 신분이 높은 선비들이 입던 웃옷. 대개 흰 베를 써서 두루마기 모양으로 만들었으며 소매를 넓게 하고 검은 비단으로 가장자리를 둘렀다.

- 6월 7일에 집정*이 와서 답서를 전달한다.
- 6월 10일에 쇼군이 활쏘기를 본다.
- 6월 13일 귀국길에 오른다.

★ 집정: 정치 실무를 담당하는 관리.

5월 29일

 조집이 왔기에 필담하였다.

"일본에는 배를 통해 중국인도 많이 왕래한다고 하는데, 본 적이 있습니까?"

"정덕* 초에 명나라 왕실의 종친과 귀족 여러 명이 왔는데 지금은 모두 죽었습니다."

"그 자손은 아직도 귀국에 있습니까?"

"우리 태수가 그들을 매우 존경하였습니다. 그 아들 두 명이 지금은 우리나라 사람이 되었습니다. 죽을 때까지 명나라 조정의 의관을 입었습니다."

"귀국에는 태장*에 해당하는 죄가 없다고 하는데 그렇지 않습니까?"

"중세로부터 죄를 지으면 가벼운 자는 벌하지 않고 조금 중한 자는 베어 죽였습니다. 무사는 칼을 내려서 스스로 목 베어

✷ 정덕正德: 중국 명나라 10대 황제인 정덕제의 연호. 1505년부터 1521년까지 나라를 다스렸다.
✷ 태장: 태형과 장형을 이르는 말. 태형은 죄인의 볼기를 작은 몽둥이로, 장형은 큰 몽둥이로 때리는 형벌이다.

죽게 하였고, 중한 자는 불이나 창으로 죽였습니다."

"도둑을 다스리는 법은 어떻습니까?"

"매우 엄중합니다. 훔친 장물이 아무리 사소해도 체포하면 목을 베어 높은 곳에 매달아 놓습니다."

"각주의 태수가 사람을 죽이면 반드시 에도에 아룁니까, 그렇지 않습니까?"

"태수는 오직 외국 배가 이르면 보고하지, 그 밖의 일은 에도에 관한 일만 보고합니다."

"태자는 이가 하얗던데 무엇으로 양치해서 그런 것입니까?"

"물로 양치했을 뿐입니다."

"귀국에서는 왜 이를 물들입니까?"

"중국과 조선의 서책에서 이르기를, 동방에 흑치의 나라가 있다고 했는데 우리나라를 가리키는 것 같습니다. 옛날에 어떤 천황이 이가 검었는데, 신하 된 자가 감히 흰 이를 그대로 둘 수가 없어서 이를 검게 물들였는데 그것이 풍속이 되었다고 합니다."

"에도에서는 왜 물들이지 않습니까?"

"무관은 물들이지 않는데 에도는 모두 무관이기 때문에 그렇습니다."

"여자가 이를 물들이지 않는 것은 무엇 때문입니까?"
"시집을 가지 않은 여자는 남편이 없기 때문에 물들이지 않습니다."

1748년 6월 1일

아침 여덟 시에 국서를 받들고 에도 성으로 갔다. 세 사신이 금관에 조복*을 갖춰 입었다. 가마는 우리나라 사람이 메게 했다.

제술관과 서기, 역관, 의관은 모두 흑단령을 입고, 금으로 된 안장을 얹은 준마를 탔는데 올 때보다 더 사치스러웠다. 나는 애당초 자제군관의 군복을 준비해 오지 않아서 선비의 옷차림으로 뒤따르려고 했더니, 안내인들이 말했다.

"절대로 안 됩니다."

어쩔 수 없이 동료의 여벌을 빌려 입었다. 선비가 군복을 입었으니 부끄럽기 짝이 없었다. 여러 사람이 뒤따르며 놀려대고 웃었다.

행진하는 순서는 올 때와 같았는데, 북 치고 나발 부는 소리와 피리 불고 해금 켜는 소리가 번화한 거리에 울려 퍼졌다. 몇 리를 걸어서 전날에 지나쳤던 동성문을 지났다. 구경하는 남녀

───

* 조복: 관리가 조정에 나아가 예를 차릴 때에 입던 옷.

가 올 때에 비해 줄어들지 않았다. 다시 5, 6리(약 2킬로미터)를 가서 두 번째 성문에 들어갔다.

성 밖에는 해자가 있었다. 해자를 지나니 가게도 없고 마을도 없이 오직 높다란 문에 크고 넓은 저택이 보였다. 좌우에 관청으로 보이는 건물이 빙 둘러 있었다. 기다란 건물에는 사이사이 들창문을 내어 발을 드리워서 여인들이 엿볼 수 있게 하였는데, 권력을 지닌 관원의 저택은 모두 그렇다고 한다.

어떤 문에서인가 군대 의장을 치우고 군악을 멈추고 상관 이하 모두 말에서 내렸다. 비가 올 것 같아서 일행 모두 우산을 펼쳐 들었다.

사신이 쓰시마 번주와 함께 마주 보고 앉았다. 번주가 자신의 저택에 함께 가자고 하였는데, 절하는 자리를 상세히 볼 수 있는 곳이었다.

아버지가 말씀하셨다.

"이미 의식 절차가 있는데 굳이 가서 볼 필요가 있겠습니까?"

번주가 두 번 세 번 요청하기를 마지않았다. 이미 그런 내용으로 쇼군에게 아뢰었기 때문이었다.

인신*은 소동을 시켜서 지키도록 했다. 우두머리 역관이 국서를 받들고 앞에 있었다. 이른바 '송지간松之間'에 이르렀는데 벽에 소나무를 그려서 그렇게 이름을 지었다고 한다.

쇼군이 앉아 있는 곳에서 칸막이를 사이에 두고 한가운데 국서를 모셨다. 삼사가 서쪽을 향하여 나란히 앉았고, 번주는 휴게실 주변에 앉았다. 장로는 바깥마루에 앉았다. 에도의 모든 관리들이 모여서 사신의 뒤에 앉았는데 3, 4백 명이나 되었다.

역관이 국서를 받들고 기둥 밖으로 나가 번주에게 전달하였고, 번주가 받들고 전각 안에 이르니 가까이 모시던 시종이 받아서 쇼군 앞에 두있다. 삼사가 계속 당내堂內 가운데 전각에 이르러 나란히 서서 네 번 절하고 다시 휴게실로 나왔다. 사적인 예단은 들여놓은 후에 시종이 삼사를 인도하여 당내 아래 전각에 이르러, 나란히 서서 네 번 절하고 자리로 돌아왔다.

집정이 나와서 쇼군의 말이라며 위로하며 말하였다.

"사신이 멀리 깊은 바다를 건너오시느라 정말로 힘드셨을 것입니다. 술자리를 마련하고자 합니다."

삼사가 자리에서 나와 고맙다고 인사하였다. 사신이 나와 당

＊인신: 도장이나 관인. 관인은 정부 문서에 찍는 도장을 말한다.

내에 이르러 아래 전각에 앉았다. 서쪽을 향해 앉아 있던 관원이 먼저 쇼군 앞에 소반을 내었다. 붉은 옷을 입은 관원도 소반을 받들고 삼사 앞에 두었다. 상이 작아서 우리나라 소반 같았다. 하얀 나무 그릇 세 개에 각각 생밤과 늘여 말린 전복과 과자를 담았다. 그릇의 모양이 5홉*짜리 가장 작은 유기 같았다. 생밤은 다섯 개를 사방 및 중앙에 두었다. 일본에서는 존경한다는 예의로 반드시 이렇게 한다고 한다.

검은 옷을 입은 사람이 먼저 은주전자와 토기잔을 쇼군에게 드렸다. 다 마시면 또 한 사람이 은주전자를 잡고 가운데 전각에 나와 앉았다. 번주가 있는 대청 주변에 아버지가 올라앉으시는 것을 보았다. 술병을 잡은 사람이 토기잔을 드리고 아버지가 홀*을 꽂아 받으셨다. 술병을 잡은 사람이 잔에 술을 따르니 받아서 마시고 나서 술잔을 가지고 자리로 돌아오셨다. 또 검은 옷을 입은 사람이 쇼군에게 술을 드렸다. 마시고 나서, 번주가 부사가 올라가는 것을 보고 마셨다. 종사관도 그렇게 했다.

상을 거둔 후에 도주가 삼사에게 요청해서, 삼사가 나란히 서서 예를 행하고 휴게실로 되돌아 나갔다. 군관과 역관, 제술관,

* 홉: 부피를 재는 단위. 한 홉은 약 180밀리리터로, 5홉은 9백밀리리터에 해당한다.
* 홀: 관리가 임금을 뵐 때 손에 쥐는 막대 모양의 물건.

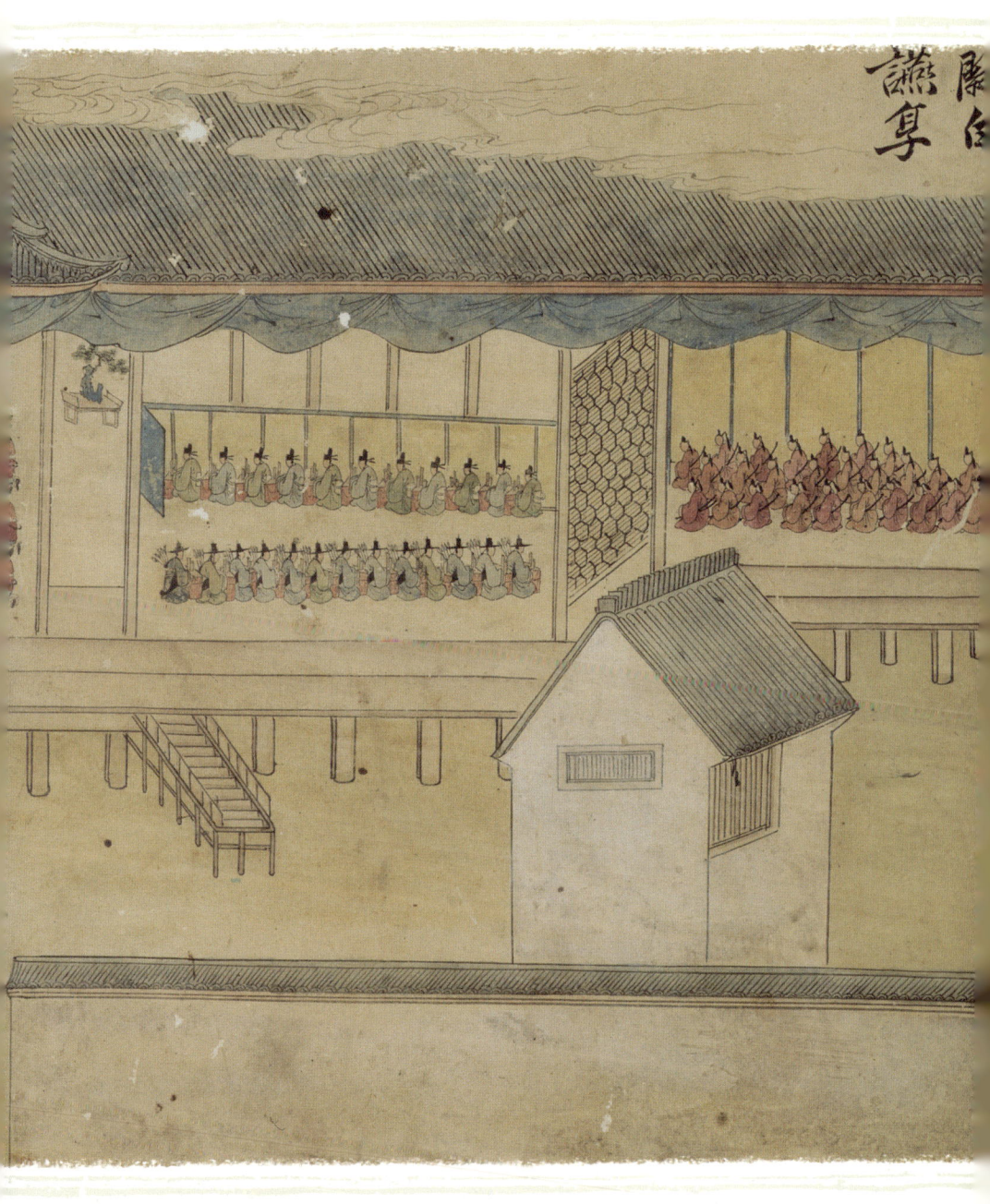

이성린, **쇼군을 만나고 연회에 참석하다**, 〈사로승구도〉 중에서
가장 왼쪽을 보면, 푸른 옷을 입은 세 사람이 에도 막부의 관리들이고, 그 맞은편 붉은 옷을 입은 세 사람이 정사, 부사, 종사관이다.

서기, 의원, 사자관, 화원들도 세 차례로 나누어 기둥 밖에 이르러 예를 행하고 나갔다.

차관은 바깥마루에서 예를 행하였고, 소동은 그다음에 하고, 중하관은 세 줄로 나누어 뜰아래에서 절하고 물러나왔다.

1748년 6월 3일

역관들이 마상재를 이끌고 에도 성에 갔다가 오후에 돌아왔다. 내성 서문 안에서 활쏘기를 했는데, 쇼군이 각주 태수를 거느리고 나와서 보았다. 지난번 사행 때보다 훨씬 낫다고 했다.

1748년 6월 4일

날마다 주는 식량에 살아 있는 작은 새 두 마리가 있어서 연못에 놓아 주었다. 물 위에서 자맥질하고 졸기도 하는 모습을 보고 있자니 제법 운치가 있었다.

1748년 6월 5일

조집이 또 왔다. 내가 네덜란드에 대해서 물었더니, 대답하였다.

"네덜란드는 일본과 1만 2천 리(약 4,700킬로미터) 떨어져 있습니다. 해마다 봄이면 에도에 오는데 땅이 멀기 때문에 작은 나라 태국을 통하도록 했습니다. 국왕 이하 모든 시정市井 사람들이 매우 이익에 밝아 장삿배가 끊임없이 오가는데, 비단 신발 등 토산품이 매우 많습니다. 관복은 일본과 같습니다. 그 사람됨이 매우 작고 얼굴은 둥글고 하얗고 수염이 없습니다. 부인들처럼 귀에 고리를 찼습니다. 일본어에 능통합니다. 그 나라의 흙이 매우 좋아서 1년에 두 번 벼를 심습니다. 해마다 일본에 물건을 바치는데 쓸 만한 게 없습니다. 대군이 번번이 쌀을 답례로 보냅니다.

옛 대군이 계실 때는 아란에서 세계지도를 바쳤고 천체망원경도 바쳤습니다. 매우 특이하여 아라이 하쿠세키가 하늘을 관측했는데 옛 대신들이 이 방법을 매우 좋아했습니다."

조집이 또 말했다.

"확성기도 네덜란드에서 왔습니다. 그 모양이 나팔처럼 생겼는데 길이는 한 길 남짓입니다. 그 끝에 입을 대고 말하면 50리(약 20킬로미터) 밖에 있는 사람도 들을 수가 있습니다."
"보신 적이 있습니까?"
"기계가 크고 복잡해서 가지고 올 수가 없었습니다."

일본 관리가 와서 내일 잔치에 오라고 하였다.

1748년 6월 7일

 밥을 먹은 뒤, 집정 네 명이 회답 국서를 전달하기 위해 찾아왔다. 집정관이 말하였다.

"요즘 계속 잘 지내신다고 하시니 정말로 기쁘고 다행입니다. 답서를 보내오니 모름지기 국왕에게 전달되기를 바랍니다."

삼사가 자리를 물리고 자세히 들었다. 자리에 고개를 숙이고 엎드린 집정이 쇼군이 보내는 물건의 목록을 적은 종이 석 장을 전달하였다.

차를 마신 후에 사신이 말하였다.

"집정께서 특별히 오셔서 안부를 물어주시니 감사합니다. 이번 답서를 우리 국왕에게 삼가 전달하겠습니다. 헤어지는 선물로 준 물건도 매우 넉넉해서 의리상 받아 가기 어렵겠습니다. 존자께서 주셔서 감히 물리칠 수도 없어서 엄연히 가져가겠지만 너무나 부끄럽습니다."

＊회답 국서: 통신사가 국서를 전달한 뒤, 쇼군의 회답 국서를 받으면 임무가 무사히 끝난 것이다. 세 사신이 조정에 올릴 회답 국서를 에도에서 미리 살펴보는데, 이때 문제가 되는 글자라도 나오면 심각한 외교 문제가 되기도 하였다.

집정이 일어나서 갔다. 서로 마주하며 인사하고 마쳤다.

바로 회답 국서를 꺼내 보았더니, 그 글이 전에 봤던 글과 다름이 없었다.

빙문하여 주심에 수호의 뜻을 적어 사례합니다. 통신사의 기거가 매우 평안하였다니 정말로 즐겁고 경사스럽습니다. 나라의 기틀을 든든히 하고 옛 전고를 좇아 새로운 정치를 펴서 의례가 더욱 많아지고 예의는 더욱 깊어졌기에 양국의 관계를 밝게 드러내었습니다. 더욱 영세토록 진실한 관계를 맺는 것이 미쁘다는 것을 알게 되었습니다.

저의 땅에서 나는 소산물을 돌아가는 편에 보내 드리오니, 오직 친목을 바랍니다. 상서로운 징조를 어그러뜨리지 않는 것을 기약할 수 있겠습니다.

다 갖추지 못합니다.

1748년 6월 7일
쇼군 도쿠가와 이에시게는 머리를 조아립니다.

1748년 6월 8일

화원 이성린이 번주의 집 잔치에 가서 고기를 먹지 않았더니 일본 관리가 괴이하게 여기며 물었다.

"오늘은 나라의 제삿날이기 때문에 고기를 먹지 않는 것입니다."

이성린이 대답하니, 일본 관리들이 모두 서로 돌아보며 놀라서 칭찬해 마지않았다고 한다.

우리 숙소의 대청에 있는 일행에게 은을 선물로 보냈는데 모두 받는 것을 허락하였다. 전에는 오사카의 장입藏入의 은으로 선물하였기 때문에 돌아가는 길에 받아 갔다. 이번에는 전일보다 은을 배나 주었는데, 모두 에도에서 마련하여 주었다.

✱ 장입: 번주의 영토가 아닌 쇼군의 개인 소유지. 에도도 장입지이다.

1748년 6월 10일

장교와 마상재 인원들이 쇼군이 보는 곳에 가서 활쏘기를 보여 주었다. 이것이 전례라고 했다. 쇼군의 집에는 초청 받은 사람만 들어갈 수 있어서 김죽산이 구경하기 위해서 종의 이름을 빌려 간다기에 내가 웃으며 말하였다.

"이곳이 강화도 아니고 적병도 없는데 하필이면 종의 이름을 빌린단 말인가?"

김죽산도 크게 웃었다.

오후 늦게 김죽산이 돌아와서 말하였다.

"활터가 너무 좁아서 사람이 다칠까 걱정되어 활을 쏘지 못하게 하였네. 그래서 활은 쏘지 못하고, 기추*만 보여 주었지. 다섯 번 쏘아서 다섯 번 모두 맞히자 구경하는 사람들이 모두 칭찬하면서 '천하의 묘기다'라고 하더구먼."

일본인이 우리나라의 마상재를 배우고 싶어 했지만 끝내 할 수가 없었다고 한다.

*기추: 조선 시대 무과 시험 과목 중 하나. 말을 타고 달리면서 스무 걸음 간격으로 세워 놓은 짚 인형 다섯 개를 활로 쏘아 맞히게 한다.

한양에서 보낸 편지가 비로소 들어왔는데, 4월 10일과 13일에 보낸 편지에는 '무사하다는 소식을 들었다. 몹시 기쁘고 다행이지만 편지를 보낸 지 오래되어서 한탄스럽다.'는 소식이 담겨 있었다.

연꽃 서너 줄기가 연못 가운데서 올라왔다.

1748년 6월 12일

숙소에 머무를 때 각 방에서 사용하고 남은 쌀 88석, 숯 4백 22묶음, 땔나무 7백 83묶음을 나눠 주었다. 다른 자질구레한 물건도 많아서 전례에 따라 대략 쓰시마 역관들에게 주었다.
남은 것에 대한 목록을 작성하여 장무관* 앞에서 관반*에게 전해 주도록 했다.

*석: 곡식의 부피를 잴 때 쓰는 단위. 1석은 약 1백 80리터에 해당한다.
*장무관: 각 관아에서 직접 사무를 맡아보던 관원.
*관반: 외국 사신을 접대하는 일을 하던 관원.

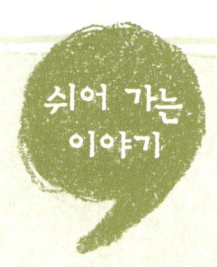
쉬어 가는 이야기

책을 사랑한 일본인들

홍경해는 일본 서점에 들렀다가 다양한 책이 출판되어 판매되는 것을 보고 감탄했어. 그때까지 조선에는 서점이 없었기 때문이지. 조선에서 책을 출판하는 곳은 국가, 절, 문중이었어. 국가에서는 사서삼경을 비롯한 대부분의 유교 책을 금속활자로 출판하여 지방 관아에 나눠 주고 다시 목판본으로 출판하게 했어. 물론 돈을 받고 팔지는 않았지.

조선에서는 신분의 귀천이 있었어. 선비, 농부, 장인, 상인 순으로 신분이 정해졌는데, 돈을 받고 물건을 파는 상업을 가장 천하게 여겼지. 그렇기 때문에 귀중한 책을 돈 받고 판다는 생각 자체가 아예 없었어.

절에서는 신자들에게 시주를 받아 불교 책들을 펴냈는데, 역시 신자들에게 돈을 받지 않고 나눠 주었어. 또 문인이 세상을 떠나면 후손이나 제자들이 돈을 모아 문집을 출판하였는데, 역시 주변 사람들에게 공짜로 나눠 주었지.

조선과 달리 일본에서는 상업을 천하게 여기지 않았기 때문에 책도 상업적으로 출판했어. 과거시험을 실시하지 않았기 때문에 국가가 지식을 통제할 필요도 없었지. 상업이 발달하여, 돈을 주고 책을 사 볼 수 있는 독자층도 많았어. 조선통신사가 에도에 가던 길에 오사카에서 필담한 내용이 조선으로 돌아가는 길에 벌써 책으로 나와 있는 경우가 흔했지.

조선 사람들은 중국 책을 사 보고 싶으면 북경에 가는 역관을 통해 조금씩 사서 보았는데, 일본에서는 중국 무역선을 통해서 수천 권씩 구입했어.

조선에서는 출판된 책을 일본에 내보내지 않으려고 했지만, 왜관을 통해서 일본으로 건너가 출판되는 일이 많았지. 그래서 《징비록》이나 《신생록》같이 일본을 경계하자는 책까지 널리 읽히고 있으니, 그 모습을 본 통신사 수행원들이 당황할 수밖에 없었어.

수행원들이 틈나면 읽으려고 가져갔던 책들까지 일본 문인들은 달라고 간청하여 빌려 보기도 했고, 심지어는 숙소에 몰래 들어와 훔쳐가는 일까지 있었어.

과거시험을 보는 조선에서는 사서삼경을 해석하는 방법이 주자학의 전통 그대로 유지되었지만, 과거시험이 없었던 일본에서는 정답이 따로 없었기에 다양한 해석이 시도되었고, 그만큼 출판도 다양했지. 홍경해는 일본 유학자 이토 진사이의 《논어》, 《맹자》 해석이 오랑캐 같다고 비판했지만, 그런 책까지 널리 읽힐 정도로 출판이 활발했던 현상만큼은 부러워했어.

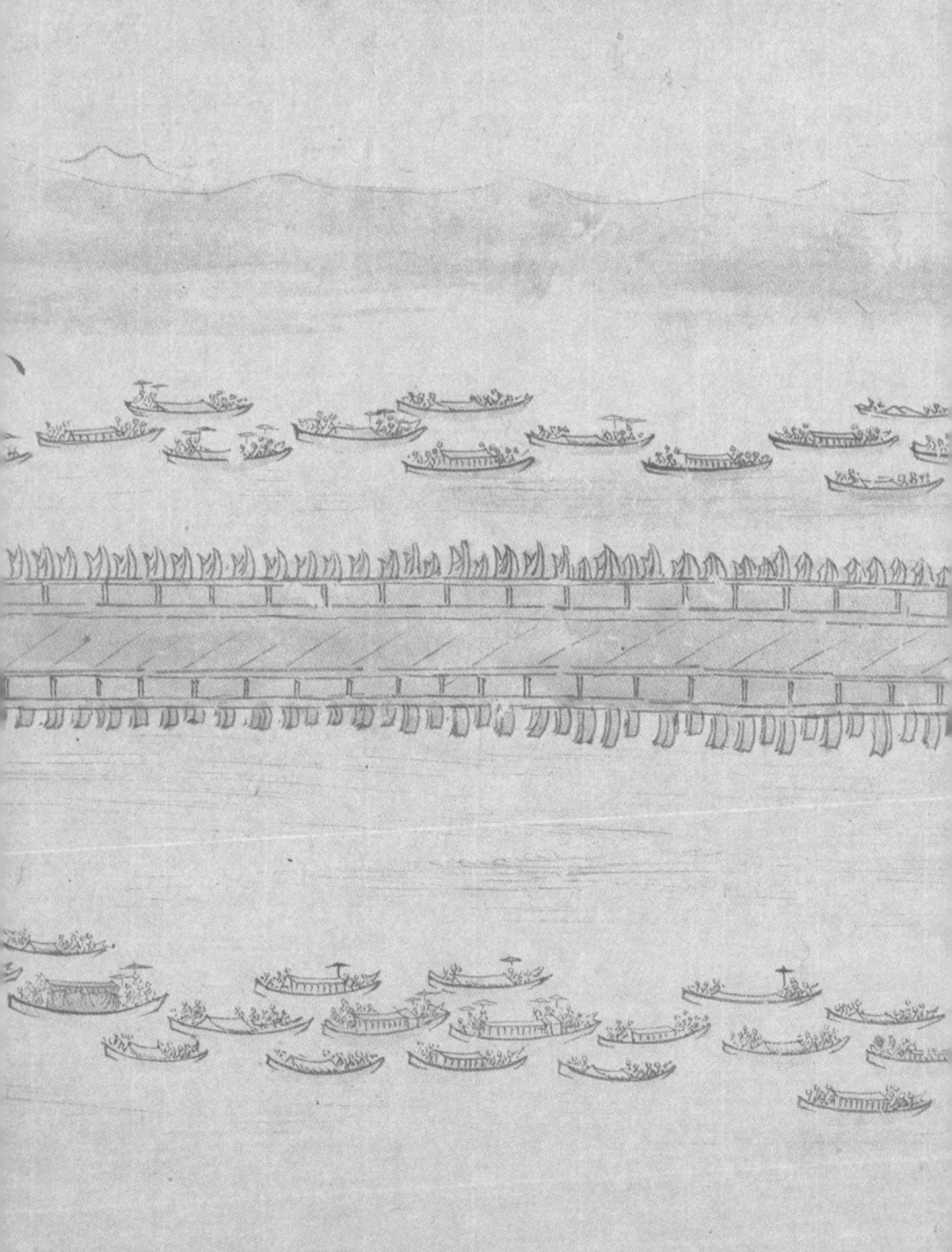

돌아오는 길

글씨를 남기다

1748년 6월 13일

에도에서 돌아오는 여정에 올랐다. 시나가와에서 머물렀다. 10리(약 4킬로미터)를 갔다.

올 때처럼 길에서 구경하는 사람이 가득 찼다. 구경하는 아이들이 우리나라 깃발 모양을 많이 만들었는데 거북이나 뱀을 본떠 만들거나 청도나 순시巡視* 등의 글자를 써서 길가에서 놀았다. 또 종이로 전립*을 만들어 쓰기도 했다. 그걸 보니 우리나라를 매우 좋아하고 있다는 것을 알 수 있었다. 다만 갓과 관을 만들지 않는 것에서 무를 숭상하는 풍속을 알 수 있었다.

* 순시: 조선통신사 일행이 일본 땅을 조선 땅처럼 돌아다니며 살핀다는 뜻이다.
* 전립: 조선 시대 무관이 쓰던 모자.

전립 ⓒ국립민속박물관

1748년 6월 24일

해가 뜨자 출발했다. 길가에 가게가 있었는데 목욕하는 왜인이 많았다. 장사꾼이 목욕 도구를 준비하고 행인에게 돈을 받는다고 한다. 왜인이 목욕하는 것을 좋아하기 때문이다. 목욕할 때 발가벗은 몸으로 큰 통 가운데 섰는데, 마을 여자가 피할 줄 모르고 태연하게 옆에 있으니 오랑캐의 풍속이라고 할 만하다.

드넓은 들이 사방으로 수백 리 펼쳐졌다. 우리를 구경하는 사람이 손을 쳐들고 고개를 숙였는데 마치 작별하는 것 같았다. "사라바 사라바(사요나라)."라고 했는데, 잘 가라는 뜻이다.

어린아이들이 곳곳에서 무리를 지어 떠들썩했다. 우리 일행이 돌아보지 않으면 반드시 손바닥을 치며 소리를 질러 누군가가 돌아본 뒤에야 멈췄다. 우리를 얼마나 반기는지 알 수 있었다. 비단 이 동네에서만 그런 것이 아니라 오는 길가의 모든 곳에서 그랬다.

1748년 6월 25일

뽕나무 숲이 펼쳐진 들을 지나니 집집마다 누에를 치는데 네다섯 층, 혹은 여덟아홉 층의 시렁을 설치하여 자리를 깔고 잘 정리해 두었다. 방금 위에서 땔나무하던 사람이 바로 고치를 거두고 씨를 뿌렸다. 누에는 우리나라보다 작고, 고치는 우리나라보다 컸는데 모두 흰색이었다. 우리나라에서는 4월에 누에를 치는데 이곳에서는 6월 그믐 사이에도 볼 수 있으니 아마도 1년에 두 번 하기에 그런 듯하다.

몇 리를 갔더니 마을에 물레방아가 있었다. 그 만듦새가 매우 정묘해서 말로 형용하기 어렵다. 자명종처럼 둥근 바퀴에 방망이 다섯 개가 나란히 심어져 있어서 차례대로 오르내렸다. 머리 위에 맷돌을 놓아서 물이 떨어지면서 물을 쳐서 돌리고, 방망이 다섯 개가 한 번 도는 사이에 한 번 돌을 갈게 된다. 하루에 빻는 곡식의 양이 수십 석이라고 한다.

1748년 7월 10일

오전 열 시에 히비에서 조수를 이용해 출발해, 날이 저물어서야 도모노우라에 이르렀다. 아버지께서 가마를 타고 기슭을 따라 올라가서 후쿠젠지에 닿았다.

나는 여러 사람들과 함께 작은 배를 갈아타고 절 아래 벼랑에 매어 두고 들어갔다. 기암절벽이 죽순을 묶어 둔 것 같이 바다 가운데 높이 솟아 있는데, 높이는 1백여 척(약 30미터)이 되었다. 높은 누각과 가파른 난간이 벼랑에 딱 붙어 있는데 날아갈 듯한 용마루와 처마를 드러내고 구름 속으로 치솟아 들어가, 문을 열면 하늘과 바다가 한 색이고 사방을 둘러보면 넓고 멀어서 끝이 없다. 파도 가운데 얼굴을 들이밀면 물고기가 보이기도 했다. 그 웅장하고 탁 트이는 기분이 이와 같았다.

돌섬 하나가 눈앞에서 보였는데 소나무와 삼나무가 숲을 이뤄 울타리가 되었다. 이렇게 드넓은 하늘 사이에 여러 봉우리가 사면에 죽 늘어서 있어서 그림 같기도 하고 구름 같기도 했다. 이 같은 신선 세계는 처음 보았다. 내가 중국의 악양루를 보지는 못했지만 악양루라고 반드시 이와 같겠는가?

벽 위에 '일동제일형승日東第一形勝'이라고 크게 쓴 여섯 글자가 걸려 있는데, 1711년에 다녀간 종사관 이방언의 글씨였다. 아버지께서 이 다락의 이름을 '대조루對潮樓'라 지으시고는, 내게 세 글자를 크게 쓰라고 명하셨다.

내 글씨를 사미승에게 주고 돌아오는데 닭이 울었다.

나가며

　조선통신사로 일본을 다녀온 뒤 홍경해는 어떻게 살았을까? 홍경해는 아버지를 따라 새로운 세상을 체험하고 돌아온 3년 뒤에 과거에 급제했어. 왕세자를 교육하는 세자시강원 설서(정7품)에 임명되었으며, 2년 임기가 끝난 뒤에는 다른 관직으로 옮겨가야 하는 관례를 뛰어넘어 특별히 그 자리에 계속 머무르면서 수찬(정6품)으로 승진하여 세자를 가르쳤지.

　이후에는 경기도, 전라도, 충청도, 경기도 암행어사를 계속하면서 흩어진 민심을 바로잡고 왕에게 백성들의 어려운 생활을 제대로 전달하려고 애썼지만, 1759년에 서른다섯 살의 젊은 나이로 세상을 떠나면서 제대로 꿈을 펼칠 수가 없었어.

　홍경해의 비운은 이것만이 아니야. 아버지 홍계희가 사도세자의 죽음에 연관되었다는 이유로, 정조가 즉위한 뒤에 홍계희의 아들 술해와 손자 상간까지 대역죄로 처형되었어. 홍경해는 이미 세상을 떠난 뒤였기에 처형당하지는 않았지만, 그의 문집을 출판할 수 없게 되었지. 때문에 홍경해의 자취는 통신사 사행록 《수사일록》이나 '대조루' 글씨같이 일본에만 남게 되었어. 누구보다 훌륭한 기행문을 남기고 싶어 했던 홍경해의 입장에선 대단히 안타까운 일이지.

일본 히로시마 현에 있는 후쿠젠지 절에는 지금도 홍경해가 쓴 '대조루大潮樓'라는 글씨가 남아 있다.

홍경해는 특별한 임무 없이 아버지를 따라갔기 때문에 일본 학자들과 자유롭게 만나 필담을 나누었어. 또 조선에는 없는 서점에 들러 어떤 책들이 팔리고 있는지 유심히 살펴보았어. 네덜란드 책들이 출판되어 일본이 새로운 문물을 받아들이고 있다는 것도 알아차렸지. 조선에서 미리 이름을 들었던 일본 학자들의 학문에 관해 필담을 주고받았으며, 선배들의 필담집이나 한시 창화집을 여러 권 구해 보았어.

홍경해는 일본인들과 필담을 나누면서 미리 지어 온 시는 볼 만하지만, 그 자리에서 주고받은 한시는 수준이 높지 않다고 비판했어. 또 조선 시인들이 하루에 수십 수씩 며칠 잇달아 짓다 보니, 시의 작품성이 떨어지고 진부해진다고 걱정하기도 했지. 게다가 마주앉은 자리에서는 공손하게 손님 대접을 하며 극찬 하는 것과는 달리 조선 시인을 비판하는 일본 문인들의 태도를 보고는 탄식까지 하였어. 통신사가 쇼군의 즉위를 축하하러 간 것이 아니라 마치 조공이라도 온 것처럼 거짓 설명을 한 문장이 눈에 거슬렸던 거야.

조선과 일본의 학자들이 서로 비판하는 모습이 보기 안 좋다고? 그래, 분명 좋은 모습은 아니지. 하지만 이런 문제들은 서로 다른 문화를 지닌 채 교류가 없던 두 나라가 마주할 때 어쩔 수 없이 벌어질 수밖에 없던 일일 거야.

이런 부분적인 문제들이 있긴 했지만, 통신사는 2백 년 동안 조선과 일본 두 나라의 문화 교류와 평화 유지에 중요한 역할을 했어. 처참하게 싸웠던 두 나라가 이 기간에는 평화롭게 살 수 있었으며, 각 분야의 전문가들이 민간 교류를 통해서 문화를 주고받았어.

조선은 과거 시험의 1차 과목이 한시 짓기였기 때문에 전반적으로 일본 시인들보다 시를 잘 지었는데, 11차 사행의 남옥은 2천 수나 지었다는 기록이 있어. 모두 12차에 걸쳐 조선 시인 수십 명의 시가 일본 곳곳에 퍼졌음을 알 수 있지. 필담한 내용을 묶은 책이 2백여 종 출판되고, 수십 명 화가들의 그림도 비싼 값으로 팔려 나갔어. 네덜란드 의학이 일본에 자리 잡기 전까지는 일본 의원들이 조선 한의학을 많이 배웠으며, 특히 인삼을 비롯한 약재 연구도 많이 했지.

조선 역시 일본의 영향을 많이 받았어. 11차 통신사 정사였던 조엄은 쓰시마에서 고구마를 보고 조선 백성들이 흉년을 당했을 때 쌀 대신 먹으면 좋겠다고 생각해 종자를 구해 왔어. 그리고 여러 차례 실험 끝에 고구마를 전국적으로 퍼뜨려 지금은 우리가 가장 좋아하는 간식으로 자리 잡게 되었지.

조엄은 일본의 수차도 그림으로 그리게 해서 가져왔는데, 우리나라의 물레방아가 위에서 떨어지는 물의 힘을 이용했다면 일본의 수차는 밑에 있는 물을 위로 끌어들여서 적극적으로 사용하는 기계였어.

또 담배나 고추, 토마토 등의 먹을거리도 일본 남쪽 지방에서 통신사를 거쳐 조선에 들어왔다고 해. "고추 먹고 맴맴, 담배 먹고 맴맴"이라는 노래도 통신사 이후에 생겨났을 거야.

역사는 돌고 돈다는 말이 있어. 우리가 역사를 배우는 까닭은 과거를 거울삼아 오늘을 더 잘 살기 위한 것이지.

우리 선조들이 열 달 가까이 바다를 건너고 산을 넘어 에도까지 다녀온 것은 평화를 지켜서 이웃한 두 나라가 함께 잘 살기 위해서였어.

홍경해가 들려주는 조선통신사 이야기를 통해서 중국과 일본, 러시아 등의 큰 나라 사이에서 2천 년 동안 역사를 발전시켜 온 우리 조상의 지혜를 한번 생각해 보면 좋겠어.

참고 자료

마음의 교류 조선통신사, 조선통신사문화사업추진위원회, 2004.

조선시대 한국인의 일본인식, 하우봉, 해안, 2006.

통신사 필담창화집 문화연구, 허경진, 보고사, 2011

통신사 필담창화집의 세계, 구지현, 보고사, 2011

영천과 조선통신사, 허경진, 보고사, 2014

나는 조선의
가장 어린
여행 작가

첫 번째 찍은 날 | 2017년 7월 20일
두 번째 찍은 날 | 2017년 12월 20일

글 홍경해 | 가려 뽑아 옮김 허경진 | 그림 홍선주
펴낸이 이명희 | 펴낸곳 도서출판 이후 | 편집 김은주
표지 및 본문 디자인 | (주)끄레 어소시에이츠

옮김 ⓒ 허경진, 2017
그림 ⓒ 홍선주, 2017

등록 | 1998. 2. 18.(제13-828호)
주소 | 10449 경기도 고양시 일산동구 호수로 358-25(동문타워 2차) 1004호
전화 | (영업) 031-908-5588 (편집) 031-908-1357 팩스 02-6020-9500
블로그 | blog.naver.com/dolphinbook
페이스북 | facebook.com/smilingdolphinbook

ISBN | 978-89-97715-50-3 73810

이 도서의 국립중앙도서관 출판예정도서목록(CIP)은 서지정보유통지원시스템 홈페이지
(http://seoji.nl.go.kr)와 국가자료공동목록시스템(http://www.nl.go.kr/kolisnet)에서
이용하실 수 있습니다. (CIP제어번호: CIP2017015661)

이 책은 저작권법에 의해 보호를 받는 저작물이므로 무단 전재와 복제를 금합니다.

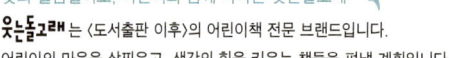

꽃의 걸음걸이로, 어린이와 함께 자라는 웃는돌고래
웃는돌고래는 〈도서출판 이후〉의 어린이책 전문 브랜드입니다.
어린이의 마음을 살찌우고, 생각의 힘을 키우는 책들을 펴낼 계획입니다.

어린이제품안전특별법에 의한 제품 표시

제조자명 도서출판 이후 | 주소 경기도 고양시 일산동구 호수로 358-25(동문타워 2차) 1004호
전화번호 031-908-5588 | 제조년월 2017년 7월 | 제조국 대한민국 | 사용연령 만 10세 이상